Weber | Typen der Herrschaft

Max Weber
Typen der Herrschaft

Herausgegeben von Andrea Maurer

Reclam

RECLAMS UNIVERSAL-BIBLIOTHEK Nr. 19538
2019 Philipp Reclam jun. Verlag GmbH,
Siemensstraße 32, 71254 Ditzingen
info@reclam.de
Gestaltung: Cornelia Feyll, Friedrich Forssman
Druck und Bindung: Elanders Waiblingen GmbH,
Anton-Schmidt-Straße 15, 71332 Waiblingen
Printed in Germany 2025
RECLAM, UNIVERSAL-BIBLIOTHEK und
RECLAMS UNIVERSAL-BIBLIOTHEK sind eingetragene Marken
der Philipp Reclam jun. GmbH & Co. KG, Stuttgart
ISBN 978-3-15-019538-3
reclam.de

Die drei reinen Typen der legitimen Herrschaft
Eine soziologische Studie

Aus: *Preußische Jahrbücher* (1922)

Herrschaft, d.h. die Chance, Gehorsam für einen bestimmten Befehl zu finden, kann auf verschiedenen Motiven der Fügsamkeit beruhen: Sie kann rein durch Interessenlage, also durch zweckrationale Erwägungen von Vorteilen und Nachteilen seitens des Gehorchenden, bedingt sein. Oder andererseits durch bloße »Sitte«, die dumpfe Gewöhnung an das eingelebte Handeln; oder sie kann rein affektuell, durch *bloße* persönliche Neigung des Beherrschten, begründet sein. Eine Herrschaft, welche *nur* auf solchen Grundlagen ruhte, wäre aber relativ labil. Bei Herrschenden und Beherrschten pflegt vielmehr die Herrschaft durch *Rechtsgründe*, Gründe ihrer »Legitimität«, innerlich gestützt zu werden, und die Erschütterung dieses Legitimitätsglaubens pflegt weitgehende Folgen zu haben. An »Legitimitätsgründen« der Herrschaft gibt es, in ganz reiner Form, nur drei, von denen – im reinen Typus – jeder mit einer grundverschiedenen soziologischen Struktur des Verwaltungsstabs und der Verwaltungsmittel verknüpft ist.

1. *Legale Herrschaft* kraft Satzung. Reinster Typus ist die bürokratische Herrschaft. Grundvorstellung ist: daß beliebiges Recht durch formal korrekt gewillkürte Satzung geschaffen und abgeändert werden könne. Der Herrschaftsverband ist entweder gewählt oder bestellt, er selbst und alle seine Teile sind *Betriebe*. Ein heteronomer und heterokephaler (Teil-)Betrieb soll Behörde heißen. Der Verwaltungsstab besteht aus vom Herrn ernannten *Beamten*, die Gehorchenden sind Verbands-*Mitglieder* (»Bürger«, »Genossen«).

Gehorcht wird nicht der Person, kraft deren Eigenrecht, sondern der gesatzten *Regel*, die dafür maßgebend ist, wem und inwieweit ihr zu gehorchen ist. Auch der Befehlende selbst gehorcht, indem er einen Befehl erläßt, einer Regel: dem »Gesetz« oder »Reglement«, einer *formal* abstrakten Norm. Der Typus des Befehlenden ist der »*Vorgesetzte*«, dessen Herrschaftsrecht durch gesatzte *Regel* legitimiert ist, innerhalb einer *sachlichen* »*Kompetenz*«, deren Abgrenzung auf Spezialisierung nach sachlicher Zweckmäßigkeit und nach den fachlichen Ansprüchen an die Leistung des Beamten beruht. Der Typus des Beamten ist der geschulte *Fach*beamte, dessen Dienstverhältnis auf Kontrakt beruht, mit festem nach dem Rang des Amtes, nicht nach dem Maß der Arbeit abgestuftem Gehalt und Pensionsrecht nach festen Regeln des Avancements. Seine Verwaltung ist *Berufs*arbeit kraft *sachlicher Amtspflicht*; ihr Ideal ist »sine ira et studio«, ohne allen Einfluß persönlicher Motive oder gefühlsmäßiger Einflüsse; frei von Willkür und Unberechenbarkeiten, insbesondere »ohne Ansehen der Person« streng formalistisch nach rationalen Regeln und – wo diese versagen – nach »sachlichen« Zweckmäßigkeitsgesichtspunkten zu verfügen. Die Gehorsamspflicht ist abgestuft in einer Hierarchie von Ämtern mit Unterordnung der unteren unter die oberen und geregeltem Beschwerdeverfahren. Grundlage des technischen Funktionierens ist: die *Betriebsdisziplin*.

1. Unter den Typus der »legalen« Herrschaft fällt natürlich nicht etwa nur die moderne Struktur von Staat und Gemeinde, sondern ebenso das Herrschaftsverhältnis im privaten kapitalistischen Betrieb, in einem Zweckverband

oder Verein gleichviel welcher Art, der über einen ausgiebigen hierarchisch gegliederten Verwaltungsstab verfügt. Die modernen politischen Verbände sind nur die hervorragendsten Repräsentanten des Typus. Die Herrschaft im privaten kapitalistischen Betriebe ist zwar teilweise heteronom, die Ordnung ist teilweise staatlich vorgeschrieben – und bezüglich des Zwangsstabes gänzlich heterokephal. Der staatliche Gerichts- und Polizeistab versieht (normalerweise) diese Funktionen, aber er ist autokephal in seiner zunehmend bürokratischen Verwaltungsorganisation. Daß der Eintritt in den Herrschaftsverband formell freiwillig erfolgt ist, ändert, da die Kündigung ebenso formell »frei« ist und dies die Beherrschten den Betriebsnormen normalerweise infolge der Bedingungen des Arbeitsmarktes unterwirft, nichts an dem Herrschaftscharakter, dessen soziologische Verwandtschaft mit der modernen staatlichen Herrschaft die Erörterung der ökonomischen Grundlagen der Herrschaft noch deutlicher machen wird. Die Geltung des »Vertrages« als Basis stempelt den kapitalistischen Betrieb zu einem hervorragenden Typus der »legalen« Herrschaftsbeziehung.

2. Die Bürokratie ist der technisch reinste Typus der legalen Herrschaft. Aber keine Herrschaft ist *nur* bürokratisch, d. h. nur durch kontraktlich engagierte und ernannte Beamte geführt. Das ist gar nicht möglich. Die höchsten Spitzen der politischen Verbände sind entweder »Monarchen« (erbcharismatische Herrscher, s. u.) oder vom Volke gewählte »Präsidenten« (also plebiszitär-charismatische Form, s. u.) oder von einer parlamentarischen Körperschaft gewählt, wo denn deren Mitglieder oder vielmehr die, je nachdem mehr charismatischen oder mehr honoratioren-

haften (s. u.) Führer ihrer vorherrschenden Parteien die tatsächlichen Herren sind. Ebenso ist der Verwaltungsstab fast nirgends wirklich rein bürokratisch, sondern es pflegen in den allermannigfachsten Formen teils Honoratioren, teils Interessenvertreter an der Verwaltung beteiligt zu sein (bei weitem am meisten in der sogenannten Selbstverwaltung). Entscheidend ist aber: daß die kontinuierliche Arbeit überwiegend und zunehmend auf den bürokratischen Kräften ruht. Die ganze Entwicklungsgeschichte des modernen Staates insbesondere ist identisch mit der Geschichte des modernen Beamtentums und bürokratischen Betriebes (s. u.), ebenso wie die ganze Entwicklung des modernen Hochkapitalismus identisch ist mit zunehmender Bürokratisierung der Wirtschaftsbetriebe. Der Anteil der bürokratischen Herrschaftsformen steigt überall.

3. Die Bürokratie ist nicht der einzige Typus legaler Herrschaft. Das Turnus-, Los- und Wahlbeamtentum, die Parlaments- und Komiteeverwaltung und alle Arten kollegialer Herrschafts- und Verwaltungskörper fallen darunter, falls ihre Kompetenz auf gesatzten Regeln beruht und die Ausübung des Herrschaftsrechtes dem Typus legalen Verwaltens entspricht. In der Entstehungszeit des modernen Staates haben kollegiale Körperschaften sehr wesentlich zur Entwicklung der legalen Herrschaftsform beigetragen; und besonders der Begriff der »Behörde« verdankt ihnen seine Entstehung. Andererseits spielt das Wahlbeamtentum in der Vorgeschichte der modernen Beamtenverwaltung (und auch heute in den Demokratien) eine große Rolle.

II. Traditionelle Herrschaft, kraft Glaubens an die Heiligkeit der von jeher vorhandenen Ordnungen und Herrengewalten. Reinster Typus ist die patriarchalische

Herrschaft. Der Herrschaftsverband ist Vergemeinschaftung, der Typus des Befehlenden der »Herr«, die Gehorchenden sind »Untertanen«, der Verwaltungsstab »Diener«. Gehorcht wird der Person kraft ihrer durch Herkommen geheiligten Eigenwürde: aus Pietät. Der Inhalt der Befehle ist durch Tradition gebunden, deren rücksichtslose Verletzung seitens des Herrn die Legitimität seiner eigenen, lediglich auf ihrer Heiligkeit ruhenden, Herrschaft selbst gefährden würde. Neues Recht gegenüber den Traditionsnormen zu schaffen gilt als prinzipiell unmöglich. Es geschieht der Tatsache nach im Wege der »Erkenntnis« eines Satzes als »von jeher geltend« (durch »Weistum«). Außerhalb der Normen der Tradition dagegen ist der Wille des Herrn nur durch Schranken, welche im Einzelfall das Billigkeitsgefühl zieht, also in äußerst elastischer Art gebunden: seine Herrschaft zerfällt daher in ein streng traditionsgebundenes Gebiet und ein solches der freien Gnade und Willkür, in dem er nach Gefallen, Zuneigung, Abneigung und rein persönlichen, insbesondere auch durch persönliche Gefälligkeiten zu beeinflussenden Gesichtspunkten schaltet. Soweit aber Verwaltung und Streitschlichtung Prinzipien zugrunde gelegt werden, sind es solche der materialen ethischen Billigkeit, Gerechtigkeit oder utilitaristischen Zweckmäßigkeit, nicht solche formaler Art, wie bei der legalen Herrschaft. Ganz ebenso verfährt sein Verwaltungsstab. Dieser besteht aus persönlich Abhängigen (Hausangehörigen oder Hausbeamten) oder aus Verwandten oder persönlichen Freunden (Günstlingen) oder durch persönliches Treuband Verbundenen (Vasallen, Tributärfürsten). Der bürokratische Begriff der »Kompetenz« als einer sachlich abgegrenzten Zuständigkeitssphäre fehlt. Der

Umfang der »legitimen« Befehlsgewalt des einzelnen Dieners richtet sich nach dem Einzelbelieben des Herrn, dem sie auch bezüglich ihrer Verwendung in wichtigeren oder ranghöheren Rollen gänzlich anheimgegeben sind. Tatsächlich richtet sie sich weitgehend darnach: was die Bediensteten gegenüber der Fügsamkeit der Unterworfenen sich gestatten dürfen. Nicht sachliche Amtspflicht und Amtsdisziplin, sondern persönliche Dienertreue beherrscht die Beziehungen des Verwaltungsstabes.

Indessen sind in der Art seiner Stellung zwei charakteristisch geschiedene Formen zu beobachten:

1. Die rein patriarchale Struktur der Verwaltung: Die Diener sind in völliger persönlicher Abhängigkeit vom Herrn, entweder rein patrimonial rekrutiert: Sklaven, Hörige, Eunuchen – oder extrapatrimonial aus gänzlich rechtlosen Schichten: Günstlinge, *Plebejer*. Ihre Verwaltung ist völlig heteronom und heterokephal; es besteht keinerlei Eigenrecht der Verwaltenden an ihrem Amt, aber auch keinerlei *Fach*auslese und keine ständische Ehre des Beamten; die sachlichen Verwaltungsmittel werden gänzlich für den Herrn in dessen eigener Regie bewirtschaftet. Bei der vollkommenen Abhängigkeit des Verwaltungsstabes vom Herrn fehlt jede Garantie gegen Herrenwillkür, deren mögliches Ausmaß daher hier am größten ist. Der reinste Typus ist die *sultanistische* Herrschaft. Alle wirklichen »Despotien« hatten diesen Charakter, bei welchem die Herrschaft wie ein gewöhnliches Vermögensrecht des Herrn behandelt wird.

2. Die ständische Struktur: Die Diener sind nicht persönliche Diener des Herrn, sondern unabhängige, kraft Eigenstellung als sozial prominent geltende Leute; sie sind

durch Privileg oder Konzession des Herrn mit ihrem Amt *beliehen* (tatsächlich oder der Legitimitätsfiktion nach) oder haben durch Rechtsgeschäft (Kauf, Pfand, Pacht) ein nicht beliebig entziehbares Eigenrecht an dem ihnen appropriierten Amt, ihre Verwaltung ist demgemäß, wenn auch begrenzt, autokephal und autonom, die sachlichen Verwaltungsmittel befinden sich in ihrer Regie, nicht in der des Herrn: *ständische* Herrschaft. – Die Konkurrenz der Amtsinhaber um den Gewaltbereich ihrer Ämter (und deren Einnahmen) bedingt dann die gegenseitige Abgrenzung ihrer inhaltlichen Verwaltungsbereiche und steht an Stelle der »Kompetenz«. Die hierarchische Gliederung ist durch Privileg (non evocando, non appellando) sehr oft durchbrochen. Die Kategorie der »Disziplin« fehlt. Tradition, Privileg, feudale oder patrimoniale Treuebeziehungen, ständische Ehre und »guter Wille« regeln die Gesamtbeziehungen. Die Herrenmacht ist also zwischen dem Herrn und dem appropriierten und privilegierten Verwaltungsstab geteilt und diese ständische *Gewaltenteilung* stereotypiert die Art der Verwaltung hochgradig.

Die patriarchale Herrschaft (des Familienvaters, Sippenchefs, »Landesvaters«) ist nur der reinste Typus der traditionalen Herrschaft. Jede Art von »Obrigkeit«, die lediglich kraft eingelebter Gewöhnung mit Erfolg legitime Autorität in Anspruch nimmt, gehört der gleichen Kategorie an, und stellt nur nicht eine so klare Ausprägung dar. Die durch Erziehung und Gewöhnung eingelebte Pietät in Beziehung des Kindes zum Familienoberhaupt ist der am meisten typische Gegensatz einerseits zur Stellung eines kontraktlich angestellten Arbeiters in einem Betriebe, andererseits zur emotionalen Glaubensbeziehung eines Gemeindemitgliedes zu einem Propheten. Und auch tatsächlich ist der Hausverband eine Keimzelle traditionaler Herrschaftsbeziehungen. Die typischen »Beamten« des Patrimonial- und Feudalstaates sind Hausbeamte mit zunächst rein dem Haushalt angehörigen Aufgaben (Truchseß, Kämmerer, Marschall, Schenke, Seneschall, Hausmeier).

Das Nebeneinander der streng traditionsgebundenen und der freien Sphäre des Handelns ist allen traditionalen Herrschaftsformen gemeinsam. Innerhalb dieser freien Sphäre muß das Handeln des Herrn oder seines Verwaltungsstabes erkauft oder durch persönliche Beziehungen verdient werden. (Das Gebührenwesen hat darin einen seiner Ursprünge.) Das entscheidend wichtige Fehlen formalen Rechts und statt dessen die Herrschaft materialer Prinzipien in der Verwaltung und Streitschlichtung ist gleichfalls allen traditionalen Herrschaftsformen gemeinsam und hat besonders für die Beziehung zur Wirtschaft weitgehende Konsequenzen. Der Patriarch ebenso wie der patrimoniale Herrscher regiert und entscheidet nach den Prinzipien der »Kadijustiz«: einerseits streng traditional gebunden, soweit diese Bindung aber Freiheit läßt, nach juristisch unformalen und irrationalen Billigkeits- und Gerechtigkeitsgesichtspunkten des Einzelfalles, und zwar auch »unter Ansehung der Person«. Alle Kodifikationen und Gesetze patrimonialer Herrscher atmen den Geist des sogenannten »Wohlfahrtsstaates«: eine Kombination sozialethischer mit sozialutilitaristischen Prinzipien herrscht vor und durchbricht jede formale Strenge des Rechtes.

Die Scheidung der patriarchalen von der ständischen Struktur der traditionalen Herrschaft ist grundlegend für die ganze Staatssoziologie der vorbürokratischen Epoche.

(In vollem Umfang verständlich wird der Gegensatz freilich erst in Verbindung mit seiner später zu besprechenden wirtschaftlichen Seite: Trennung des Verwaltungsstabes von den sachlichen Verwaltungsmitteln oder Appropriation der sachlichen Verwaltungsmittel durch den Verwaltungsstab.) Die ganze Frage, ob und welche »Stände« es als Träger ideeller Kulturgüter gab, ist geschichtlich in erster Linie dadurch mit bedingt worden. Die Verwaltung durch patrimonial Abhängige (Sklaven, Hörige), wie sie im vorderasiatischen Orient und in Ägypten bis hinab zur Mamelukenzeit sich findet, ist der extremste und scheinbar (nicht immer wirklich) konsequenteste Typus der ganz ständelosen rein patriarchalen Herrschaft. Die Verwaltung durch freie Plebejer steht dem rationalen Beamtentum relativ nahe. Die Verwaltung durch Literaten kann je nach dem Charakter dieser (typischer Gegensatz: Brahmanen einerseits, Mandarinen andererseits und beiden gegenüber wiederum: buddhistische und christliche Kleriker) sehr verschiedenen Charakter haben, nähert sich aber stets dem ständischen Typus. Dieser wird am eindeutigsten durch Adelsverwaltung repräsentiert, in reinster Form durch den Feudalismus, der das ganz persönliche Treueverhältnis und den Appell an die ständische Ehre des mit dem Amt beliehenen Ritters an die Stelle der sachlichen rationalen Amtspflicht setzt.

Alle Arten ständischer, auf mehr oder minder fester Appropriation der Verwaltungsmacht ruhende Herrschaft steht im Verhältnis zum Patriarchalismus insofern der legalen Herrschaft näher, als sie, kraft der Garantien, welche die Zuständigkeiten der Privilegierten umgeben, den Charakter eines besondersartigen »Rechtsgrundes« hat (Folge der ständischen »Gewaltenteilung«), der dem patriarchalischen

Gebilde mit ihren völlig der Willkür des Herrn anheimgegebenen Verwaltungen fehlt. Andererseits steht die straffe Disziplin und das fehlende Eigenrecht des Verwaltungsstabes beim Patriarchalismus technisch der Amtsdisziplin der legalen Herrschaft näher, als die durch Appropriation zerspaltene und dabei stereotypierte Verwaltung der ständischen Gebilde, und ist die Verwendung von Plebejern (Juristen) im Herrendienst in Europa geradezu der Vorläufer des modernen Staates gewesen.

III. *Charismatische Herrschaft*, kraft affektueller Hingabe an die Person des Herrn und ihre Gnadengaben (Charisma) insbesondere: magische Fähigkeiten, Offenbarungen oder Heldentum, Macht des Geistes und der Rede. Das ewig Neue, Außerwerktägliche, Niedagewesene und die emotionale Hingenommenheit dadurch sind hier Quellen persönlicher Hingebung. Reinste Typen sind die Herrschaft des Propheten, des Kriegshelden, des großen Demagogen. Der Herrschaftsverband ist die Vergemeinschaftung in der Gemeinde oder Gefolgschaft. Der Typus des Befehlenden ist der *Führer*. Der Typus des Gehorchenden ist der »*Jünger*«. Ganz ausschließlich dem Führer rein persönlich um seiner persönlichen, unwerktäglichen Qualitäten willen wird gehorcht, nicht wegen gesatzter Stellung oder traditionaler Würde. Daher auch nur, solange ihm diese Qualitäten zugeschrieben werden: sein Charisma sich durch deren Erweise *bewährt*. Wenn er von seinem Gotte »verlassen« oder seiner Heldenkraft oder des Glaubens der Massen an seine Führerqualität beraubt ist, fällt seine Herrschaft dahin. Der Verwaltungsstab ist ausgelesen nach Charisma und persönlicher Hingabe: dagegen weder nach Fachqualifikation (wie der Beamte) noch nach Stand (wie der ständische Verwaltungsstab) noch nach Haus- oder anderer persönlicher Abhängigkeit (wie im Gegensatz dazu der patriarchale Verwaltungsstab). Es fehlt der rationale Begriff der »Kompetenz« ebenso wie der ständische des »Privilegs«. Maßgebend für den Umfang der Legitimation des beauftragten Gefolgsmannes oder Jüngers sind lediglich die Sendung des Herrn und seine persönliche charismatische Qualifikation. Der Verwaltung – soweit dieser Name adäquat ist – fehlt jede Orientierung an Regeln, sei es gesatzten, sei es traditionalen. Aktuelle Offenbarung oder aktuelle Schöpfung, Tat und Beispiel, Entscheidung von Fall zu Fall jedenfalls also – am Maßstab gesatzter Ordnungen gemessen – *irrational*, charakterisiert sie. An Tradition ist sie nicht gebunden: »es steht geschrieben, ich aber sage Euch« gilt für den Propheten; für den Kriegshelden schwinden die legitimen Ordnungen gegenüber der Neuschaffung kraft Gewalt des Schwertes, für den Demagogen kraft des von ihm verkündeten und suggerierten revolutionären »Naturrechtes«. Die genuine Form charismatischer Rechtsweisung und Streitschlichtung ist die Verkündung des Spruches durch den Herrn oder »Weisen« und seine Anerkennung durch die (Wehr- oder Glaubens-)Gemeinde, welche pflichtmäßig ist, falls ihr nicht eine konkurrierende Weisung eines andern mit dem Anspruch auf charismatische Geltung entgegengestellt wird. In diesem Fall liegt ein letztlich nur durch das *Vertrauen* der Gemeinde zu entscheidender Führerkampf vor, bei dem nur auf einer Seite Recht, auf der anderen sühnepflichtiges Unrecht vorliegen kann.

a) Der Typus der charismatischen Herrschaft ist zuerst von *R. Sohm* in seinem Kirchenrecht für die altchristliche Gemeinde – noch ohne die Erkenntnis, daß es sich um einen Typus handele – glänzend entwickelt; der Ausdruck ist seitdem mehrfach ohne Erkenntnis der Tragweite gebraucht worden. – Die frühe Vergangenheit kennt neben geringen Ansätzen »gesatzter« Herrschaft, die freilich keineswegs gänzlich fehlen, die Aufteilung der Gesamtheit aller Herrschaftsverhältnisse unter Tradition und Charisma. Neben dem »Wirtschaftshäuptling« (Sachem) der Indianer, einer wesentlich traditionalen Figur, steht der charismatische Kriegsfürst (dem deutschen »Herzog« entsprechend) mit seiner Gefolgschaft. Jagd- und Kriegszüge, die beide einen persönlich mit außerwerktäglichen Qualitäten ausgerüsteten Führer verlangen, sind die weltlichen, die Magie [ist] die »geistliche« Stätte des charismatischen Führertums. Seitdem geht mit den Propheten und Kriegsfürsten aller Zeiten die charismatische Herrschaft über Menschen durch die Jahrhunderte. Der charismatische Politiker – »Demagoge« – ist Produkt des okzidentalen Stadtstaates. Im Stadtstaat Jerusalem trat er nur im religiösen Gewande, als Prophet auf, die Verfassung von Athen dagegen war seit den Neuerungen des Perikles und Ephialtes völlig auf seine Existenz zugeschnitten, ohne welche die Staatsmaschine keinen Augenblick funktionieren würde.

b) Die charismatische Autorität ruht auf dem »Glauben« an den Propheten, der »Anerkennung«, die der charismatische Kriegsheld, der Held der Straße oder der Demagoge persönlich findet, und fällt mit ihm dahin. Gleichwohl leitet sie ihre Autorität nicht etwa *aus* dieser Anerkennung durch die Beherrschten ab. Sondern umgekehrt: Glaube und Anerkennung gelten als *Pflicht*, deren Erfüllung der charismatisch Legitimierte für sich fordert, deren Verletzung er ahndet. Die charismatische Autorität ist sogar eine der großen revolutionären Mächte der Geschichte, aber sie ist in ihrer ganz reinen Form durchaus autoritären, herrschaftlichen Charakters.

c) Es versteht sich, daß der Ausdruck »Charisma« hier in einem gänzlich wertfreien Sinne gebraucht wird. Der manische Wutanfall des nordischen »Berserkers«, die Mirakel und Offenbarungen irgendeiner Winkelprophetie, die demagogischen Gaben des Kleon sind der Soziologie genau so gut »Charisma« wie die Qualitäten eines Napoleon, Jesus, Perikles. Denn für uns entscheidend ist nur, ob sie als Charisma gelten und *wirkten*, d.h. Anerkennung fanden. Dafür ist »Bewährung« die Grundvoraussetzung: durch Wunder, Erfolge, Wohlergehen der Gefolgschaft oder der Untertanen muß sich der charismatische Herr als »von Gottes Gnaden« bewähren. Nur solange gilt er dafür, als er das kann. Ist ihm Erfolg versagt, so wankt seine Herrschaft. Dieser charismatische Begriff des »Gottesgnadentums« hatte da, wo er bestand, entscheidende Konsequenzen. Der chinesische Monarch war in seiner Stellung bedroht, sobald Dürre, Überschwemmung, Mißerfolg im Feld oder andere Unfälle es fraglich erscheinen ließen, ob er in der Gnade des Himmels stehe. Öffentliche Selbstanklage und Buße, bei hartnäckigem Unheil, Absetzung und eventuell Opferung, drohten ihm. Die Beglaubigung durch Wunder verlangte man von jedem Propheten (noch Luther von den Zwickauern).

Der Bestand auch bei weitem der meisten ihrem Grundcharakter nach *legalen* Herrschaftsverhältnissen ruht, soweit bei ihrer Stabilität der Legitimationsglauben mitspricht, auf gemischten Grundlagen. Traditionale Eingewöhnung und »Prestige« (Charisma) rücken mit dem – letztlich ebenfalls eingelebten – Glauben an die Bedeutung der formalen Legalität zusammen: die Erschütterung eines von ihnen durch gegenüber der Tradition ungewohnte Anforderungen an die Beherrschten, außergewöhnliches, das Prestige vernichtendes Mißgeschick oder Verletzung der üblichen formalen legalen Korrektheit erschüttert den Legitimitätsglauben in gleichem Maße. Bei *allen* Herrschaftsverhältnissen aber ist für den kontinuierlichen Bestand der tatsächlichen Fügsamkeit der Beherrschten höchst entscheidend vor allem die Tatsache der Existenz des Verwaltungsstabes und seines *kontinuierlichen* auf Durchführung der Ordnungen und (direkte oder indirekte) Erzwingung der Unterwerfung unter die Herrschaft gerichteten Handelns. Die Sicherung dieses die Herrschaft realisierenden Handelns ist das, was man mit dem Ausdruck »Organisation« meint. Für die hiernach so überaus wichtige Herrenloyalität des Verwaltungsstabes selbst wiederum ist dessen Interessensolidarität mit dem Herrn – ideell sowohl wie materiell – ausschlaggebend. Für die Beziehungen des Herrn zum Verwaltungsstab gilt im allgemeinen der Satz: daß in der Regel der Herr kraft der Vereinzelung der Zugehörigen des Stabes und der Solidarität jedes Mitgliedes mit ihm, jedem widerstrebenden Einzelnen gegenüber der Stärkere ist, allen zusammen gegenüber aber jedenfalls dann der Schwächere, wenn sie sich, wie zahlreiche Stabskategorien der Vergangenheit und Gegenwart gelegentlich taten – vergesellschaften. Es bedarf aber einer planvollen Vereinbarung der Glieder des Verwaltungsstabes, um durch Obstruktion oder bewußte Gegenaktion die Einwirkung des Herrn auf das Verbandshandeln und hiermit seine Herrschaft lahmzulegen. Und ebenso bedarf es der Schaffung eines eigenen Verwaltungsstabes.

d) Die charismatische Herrschaft ist eine spezifisch *außeralltägliche* und rein persönliche soziale Beziehung. Bei kontinuierlichem Bestand, spätestens aber mit dem Wegfall des persönlichen Charismaträgers, hat das Herrschaftsverhältnis – in letzterem Fall dann, wenn es nicht zugleich erlischt, sondern in irgendeiner Art fortbesteht, und also die Autorität des Herrn auf Nachfolger übergeht, – die Tendenz, sich zu *veralltäglichen*: 1. durch Traditionalisierung der Ordnungen. Anstelle der kontinuierlichen charismatischen Neuschöpfung im Recht und Verwaltungsbefehl durch den Charismaträger oder charismatisch qualifizierten Verwaltungsstab tritt die Autorität der Präjudizien und Präzedenzien, die sie schützen oder die ihnen zugeschrieben werden; 2. durch Übergang des charismatischen Verwaltungsstabes; der Jüngerschaft oder Gefolgschaft, in einen legalen oder ständischen Stab; durch Übernahme von internen oder von durch Privileg appropriierten Herrschaftsrechten (Lehen, Pfründe); 3. durch Umbildung des Sinnes des Charisma selbst. Dafür ist maßgebend die Art der Lösung der aus ideellen wie (sehr oft vor allem) materiellen Gründen brennenden Frage des *Nachfolgeproblems*. Diese ist in verschiedener Art möglich: das bloße passive Abwarten des Auftretens eines neuen charismatisch beglaubigten oder qualifizierten Herrn pflegt, zumal wenn sein Erscheinen auf sich warten läßt und starke Interessen, gleichviel welcher Art, mit der Fortdauer des Herrschaftsverbandes verknüpft sind, durch aktives Handeln für seine Gewinnung ersetzt zu werden.

a) Durch Aufsuchung nach Merkmalen der charismatischen Qualifikation. Ein ziemlich reiner Typus: das Suchen des neuen Dalai Lama. Der streng persönliche, außeralltägliche Charakter des Charisma wandelt sich dadurch in eine nach Regeln feststellbare Qualität.
b) Durch Orakel, Los oder andere Techniken der Bezeichnung. Der Glaube an die Person des charismatisch Qualifizierten wandelt sich dadurch zum Glauben an die betreffende Technik.
c) Durch Bezeichnung des charismatisch Qualifizierten.

1. Durch den Charismaträger selbst: Nachfolgerdesignation, eine sehr häufige Form, sowohl bei Propheten wie bei Kriegsfürsten. Der Glauben an die Eigenlegitimität des Charisma wandelt sich dadurch in den Glauben an den legitimen Erwerb der Herrschaftskraft rechtlicher und göttlicher Designation.

2. Durch die charismatisch qualifizierte Jüngerschaft oder Gefolgschaft unter Hinzutritt der Anerkennung durch die religiöse resp. militärische Gemeinde. Die Auffassung als »Wahl«- bzw. »Vorwahl«-Recht für dieses Verfahren ist sekundär. Dieser moderne Begriff ist ganz fernzuhalten. Es handelt sich der ursprünglichen Idee nach nicht um eine »Abstimmung« über Wahlkandidaten, zwischen denen freie Auswahl besteht, sondern um Feststellung und Anerkennung des »*richtigen*«, des charismatisch qualifiziert zur Nachfolge *berufenen* Herrn. Eine »falsche« Wahl war daher ein zu sühnendes Unrecht. Das eigentliche Postulat war: daß es möglich sein müßte, Einstimmigkeit zu erzielen, das Gegenteil Irrung und Schwäche sei.

In jedem Falle galt alsdann der Glaube nicht mehr der

Person rein als solcher, sondern der »richtig« und »gültig« bezeichneten (und ev[tl]. inthronisierten) oder sonst in die Macht nach Art eines Besitzobjekts eingewiesenen Person des Herrn.

3. Durch »*Erbcharisma*« in der Vorstellung, daß die charismatische Qualifikation im Blute liege.

Der an sich naheliegende Gedanke ist zunächst der eines »Erbrechts« an der Herrschaft. Dieser Gedanke ist nur im Okzident im Mittelalter herrschend geworden. Sehr oft haftet das Charisma nur an der Sippe und [es] muß der neue aktuelle Träger erst besonders festgestellt werden, nach einer der unter a–c erwähnten Regeln und Methoden. Wo bezüglich der Person feste Regeln bestehen, sind diese nicht einheitlich. Nur im mittelalterlichen Okzident und in Japan ist durchweg ganz eindeutig das »Primogeniturerbrecht« an der Krone durchgedrungen, sehr zur Erhöhung der Stabilität der dortigen Herrschaft, da alle anderen Formen zu internen Konflikten Anlaß geben.

Der Glaube gilt dann nicht mehr der Person rein als solcher, sondern dem »legitimen« Erben der Dynastie: Der rein aktuelle und außeralltägliche Charakter des Charisma ist sehr stark traditionalisierend umgewandelt und auch der Begriff des »Gottesgnadentums« in seinem Sinne völlig verändert (= Herr zu eigenem vollem Recht, nicht kraft durch die Beherrschten anerkanntem *persönlichen* Charisma). Von persönlichen Qualitäten ist der Herrenanspruch dann *völlig* unabhängig.

4. Durch rituelle Versachlichung des Charisma: Der Glaube, daß es eine durch eine bestimmte Art von Hierurgie, Salbung, Händeauflegung, oder andere sakramentale Akte übertragbare oder erzeugbare magische Qualität sei.

Der Glaube gilt dann nicht mehr der Person des Charismaträgers – von deren Qualitäten der Herrschaftsanspruch vielmehr (wie besonders klar durch das katholische Prinzip des character indelebilis des Priesters durchgeführt ist) völlig unabhängig ist –, sondern der Wirksamkeit des betreffenden sakramentalen Aktes.

5. Das seinem primären Sinn nach autoritär gedeutete charismatische Legitimitätsprinzip kann antiautoritär umgedeutet werden. Die tatsächliche Geltung der charismatischen Herrschaft ruht auf Anerkennung der konkreten *Person* als der charismatisch Qualifizierten und Bewährten durch die Beherrschten. Nach der genuinen Auffassung des Charisma wird diese Anerkennung dem legitimen, weil qualifizierten Prätendenten *geschuldet*. Dieses Verhältnis kann indessen leicht dahin umgedeutet werden: daß die freie Anerkennung durch die Beherrschten ihrerseits die Voraussetzung der Legitimität und ihre Grundlage sei (demokratische Legitimität). Dann wird die Anerkennung zur »Wahl« und der kraft eigenem Charisma legitimierte Herr zu einem Gewalthaber von Gnaden der Beherrschten und kraft Mandats. Sowohl die Designation durch die Gefolgschaft wie die Akklamation durch die (militärische oder religiöse) Gemeinde, wie das Plebiszit haben geschichtlich oft den Charakter einer durch Abstimmung vollzogenen Wahl angenommen und dadurch den seinen charismatischen Ansprüchen gemäß gekorenen Herrn zu einem von den Beherrschten rein nach ihrem Belieben gewählten *Beamten* gemacht.

Ebenso entwickelt sich der charismatische Grundsatz: daß eine charismatische Rechtsweisung der Gemeinde (Wehrgemeinde oder religiösen Gemeinde) verkündigt und von ihr *anerkannt* werden müsse, und so die vorhandene Möglichkeit: daß verschiedene und entgegengesetzte Weisungen konkurrieren und dann durch charismatische Mittel, letztlich durch Bekenntnis der Gemeinde zur *richtigen* Weisung, die Entscheidung getroffen wird, leicht zu der – *legalen* – Vorstellung: daß die Beherrschten über das geltensollende Recht durch Willenskundgebung frei bestimmen und daß die Zählung der Stimmen das dafür legitime Mittel sei (Majoritätsprinzip).

Der Unterschied zwischen einem gewählten *Führer* und einem gewählten Beamten bleibt dann lediglich ein solcher des Sinnes, den der Gewählte selbst seinem Verhalten gibt und – nach seinen persönlichen Qualitäten – gegenüber dem Stab und den Beherrschten zu geben *vermag*: der Beamte wird sich gänzlich als Mandatar seines Herrn, hier also der Wähler, der Führer [sich] als ausschließlich eigenverantwortlich verhalten, dieser wird also, solange er ihr Vertrauen mit Erfolg in Anspruch nimmt, durchaus nach eigenem Ermessen handeln (*Führer-Demokratie*) und nicht, wie der Beamte, gemäß dem (in einem »imperativen Mandat«) ausgesprochenen oder vermuteten Willen der Wähler.

Die Typen der Herrschaft

Aus: *Wirtschaft und Gesellschaft* (1922)
Kapitel III

1. Die Legitimitätsgeltung.

§ 1. »Herrschaft« soll, definitionsgemäß (Kap. I, § 16) die Chance heißen, für spezifische (oder: für alle) Befehle bei einer angebbaren Gruppe von Menschen Gehorsam zu finden. Nicht also jede Art von Chance, »Macht« und »Einfluß« auf andere Menschen auszuüben. Herrschaft (»Autorität«) in diesem Sinn kann im Einzelfall auf den verschiedensten Motiven der Fügsamkeit: von dumpfer Gewöhnung angefangen bis zu rein zweckrationalen Erwägungen, beruhen. Ein bestimmtes Minimum an Gehorchen *wollen*, also: *Interesse* (äußerem oder innerem) am Gehorchen, gehört zu jedem echten Herrschaftsverhältnis.

Nicht jede Herrschaft bedient sich wirtschaftlicher Mittel. Noch *weit* weniger hat jede Herrschaft wirtschaftliche Zwecke. Aber jede Herrschaft über eine Vielzahl von Menschen bedarf normalerweise (nicht: absolut immer) eines *Stabes* von Menschen (Verwaltungsstab, s. Kap. I, § 12), d. h. der (normalerweise) verläßlichen Chance eines *eigens* auf Durchführung ihrer generellen Anordnungen und konkreten Befehle eingestellten *Handelns* angebbarer zuverlässig gehorchender Menschen. Dieser Verwaltungsstab kann an den Gehorsam gegenüber dem (oder: den) Herren rein durch Sitte oder rein affektuell oder durch materielle Interessenlage oder ideelle Motive (wertrational) gebunden sein. Die Art dieser Motive bestimmt weitgehend den Typus der Herrschaft. *Rein* materielle und zweckrationale Motive der Verbundenheit zwischen Herrn und Verwaltungsstab bedeuten hier wie sonst einen relativ labilen Bestand dieser. Regelmäßig kommen andere – affektuelle oder wertrationale – hinzu. In außeralltäglichen

Fällen können diese allein ausschlaggebend sein. Im Alltag beherrscht *Sitte* und daneben: *materielles*, zweckrationales, Interesse diese wie andere Beziehungen. Aber Sitte oder Interessenlage so wenig wie rein affektuelle oder rein wertrationale Motive der Verbundenheit könnten verläßliche Grundlagen einer Herrschaft darstellen. Zu ihnen tritt normalerweise ein weiteres Moment: der *Legitimitäts*glaube.

Keine Herrschaft begnügt sich, nach aller Erfahrung, freiwillig mit den nur materiellen oder nur affektuellen oder nur wertrationalen Motiven als Chancen ihres Fortbestandes. Jede sucht vielmehr den Glauben an ihre »Legitimität« zu erwecken und zu pflegen. Je nach der *Art* der beanspruchten Legitimität aber ist auch der Typus des Gehorchens, des zu dessen Garantie bestimmten Verwaltungsstabes und der Charakter der Ausübung der Herrschaft grundverschieden. Damit aber auch ihre Wirkung. Mithin ist es zweckmäßig, die Arten der Herrschaft je nach dem ihnen typischen *Legitimitätsanspruch* zu unterscheiden. Dabei wird zweckmäßigerweise von modernen und also bekannten Verhältnissen ausgegangen.

1. Daß dieser und nicht irgendein anderer Ausgangspunkt der Unterscheidung gewählt wird, kann nur der Erfolg rechtfertigen. Daß *gewisse* andre typische Unterscheidungsmerkmale dabei vorläufig zurücktreten und erst später eingefügt werden können, dürfte kein entscheidender Mißstand sein. Die »Legitimität« einer Herrschaft hat – schon weil sie zur Legitimität des *Besitzes* sehr bestimmte Beziehungen besitzt – eine durchaus nicht nur »ideelle« Tragweite.

2. Nicht jeder konventional oder rechtlich gesicherte »Anspruch« soll ein Herrschaftsverhältnis heißen. Sonst wäre der Arbeiter im Umfang seines Lohnanspruchs »Herr« des Arbeitgebers, weil ihm [dieser] auf Verlangen der Gerichtsvollzieher zur Verfügung gestellt

werden muß. In Wahrheit ist er formal ein zum Empfang von Leistungen »berechtigter« Tauschpartner desselben. Dagegen soll es den Begriff eines Herrschaftsverhältnisses natürlich nicht ausschließen, daß es durch formal freien Kontrakt *entstanden* ist: so die in den Arbeitsordnungen und -anweisungen sich kundgebende Herrschaft des Arbeitgebers über den Arbeiter, des Lehensherrn über den frei in die Lehensbeziehung tretenden Vasallen. Daß der Gehorsam kraft militärischer Disziplin formal »unfreiwillig«, der kraft Werkstattdisziplin formal »freiwillig« ist, ändert an der Tatsache, daß auch Werkstattdisziplin Unterwerfung unter eine *Herrschaft* ist, nichts. Auch die Beamtenstellung wird durch Kontrakt übernommen und ist kündbar, und selbst die »Untertanen«-Beziehung kann freiwillig übernommen und (in gewissen Schranken) gelöst werden. Die absolute Unfreiwilligkeit besteht erst beim Sklaven. Allerdings aber soll andrerseits eine durch monopolistische Lage bedingte ökonomische »Macht«, d.h. in diesem Fall: Möglichkeit, den Tauschpartnern die Tauschbedingungen zu »diktieren«, allein und für sich ebensowenig schon »Herrschaft« heißen, wie irgendein anderer: etwa durch erotische oder sportliche oder diskussionsmäßige oder andere Überlegenheit bedingter »Einfluß«. Wenn eine große Bank in der Lage ist, andren Banken ein »Konditionenkartell« aufzuzwingen, so soll dies so lange nicht »Herrschaft« heißen, als nicht ein unmittelbares Obödienzverhältnis derart hergestellt ist: daß *Anweisungen* der Leitung jener Bank mit dem Anspruch und der Chance, rein als solche Nachachtung zu finden, erfolgen und in ihrer Durchführung kontrolliert werden. Natürlich ist auch hier, wie überall, der Übergang flüssig: von Schuldverpflichtung zur Schuldverknechtung finden sich alle Zwischenstufen. Und die Stellung eines »Salons« kann bis hart an die Grenze einer autoritären Machtstellung gehen, ohne doch notwendig »Herrschaft« zu sein. *Scharfe* Scheidung ist in der Realität oft nicht möglich, klare *Begriffe* sind aber dann deshalb nur umso nötiger.

3. Die »Legitimität« einer Herrschaft darf natürlich auch nur als *Chance*, dafür in einem relevanten Maße gehalten und praktisch behandelt zu werden, angesehen werden. Es ist bei weitem nicht an dem: daß jede Fügsamkeit gegenüber einer Herrschaft primär (oder

auch nur: überhaupt immer) sich an diesem Glauben orientierte. Fügsamkeit kann vom einzelnen oder von ganzen Gruppen rein aus Opportunitätsgründen geheuchelt, aus materiellem Eigeninteresse praktisch geübt, aus individueller Schwäche und Hilflosigkeit als unvermeidlich hingenommen werden. Das ist aber nicht maßgebend für die Klassifizierung einer Herrschaft. Sondern: daß ihr eigner Legitimitäts*anspruch* der *Art* nach in einem relevanten Maß »gilt«, ihren Bestand festigt und die Art der gewählten Herrschaftsmittel mit bestimmt. Eine Herrschaft kann ferner – und das ist ein praktisch häufiger Fall – so absolut durch augenfällige Interessengemeinschaft des Herrn und seines Verwaltungsstabs (Leibwache, Prätorianer, »rote« oder »weiße« Garden) gegenüber den Beherrschten und durch deren Wehrlosigkeit gesichert sein, daß sie selbst den Anspruch auf »Legitimität« zu verschmähen vermag. Dann ist *noch immer* die Art der Legitimitätsbeziehung zwischen Herrn und *Verwaltungsstab* je nach der Art der zwischen ihnen bestehenden Autoritätsgrundlage sehr verschieden geartet und in hohem Grade maßgebend für die Struktur der Herrschaft, wie sich zeigen wird.

4. »Gehorsam« soll bedeuten: daß das Handeln des Gehorchenden im wesentlichen so abläuft, als ob er den Inhalt des Befehls um dessen selbst willen zur Maxime seines Verhaltens gemacht habe, und zwar *lediglich* um des formalen Gehorsamsverhältnisses halber, ohne Rücksicht auf die eigene Ansicht über den Wert oder Unwert des Befehls als solchen.

5. Rein psychologisch kann die Kausalkette verschieden aussehen, insbesondre: »Eingebung« oder »Einfühlung« sein. Diese Unterscheidung ist aber hier für die Typenbildung der Herrschaft nicht brauchbar.

6. Der Bereich der herrschaftsmäßigen Beeinflussung der sozialen Beziehungen und Kulturerscheinungen ist wesentlich breiter, als es auf den ersten Blick scheint. Beispielsweise ist es diejenige *Herrschaft*, welche in der Schule geübt wird, welche die als orthodox geltende Sprach- und Schreibform prägt. Die als Kanzleisprachen der politisch autokephalen Verbände, also ihrer Herrscher, fungierenden Dialekte sind zu diesen orthodoxen Sprach- und Schreibformen geworden und haben die »nationalen« Trennungen (z. B. Hollands von

Deutschland) herbeigeführt. Elternherrschaft und Schulherrschaft reichen aber weit über die Beeinflussung jener (übrigens nur scheinbar:) formalen Kulturgüter hinaus in der Prägung der Jugend und damit der Menschen.

7. Daß Leiter und Verwaltungsstab eines Verbandes der Form nach als »Diener« der Beherrschten auftreten, beweist gegen den Charakter als »Herrschaft« natürlich noch gar nichts. Es wird von den *materialen* Tatbeständen der sogenannten »Demokratie« später gesondert zu reden sein. Irgendein Minimum von maßgeblicher Befehlsgewalt, insoweit also: von »Herrschaft«, muß ihnen aber fast in jedem denkbaren Falle eingeräumt werden.

§ 2. Es gibt drei *reine* Typen legitimer Herrschaft. Ihre Legitimitätsgeltung kann nämlich primär sein:

1. *rationalen* Charakters: – auf dem Glauben an die Legalität gesatzter Ordnungen und des Anweisungsrechts der durch sie zur Ausübung der Herrschaft Berufenen ruhen (legale Herrschaft), – oder

2. *traditionalen* Charakters: auf dem Alltagsglauben an die Heiligkeit von jeher geltender Traditionen und die Legitimität der durch sie zur Autorität Berufenen ruhen (traditionale Herrschaft), – oder endlich

3. *charismatischen* Charakters: auf der außeralltäglichen Hingabe an die Heiligkeit oder die Heldenkraft oder die Vorbildlichkeit einer Person und der durch sie offenbarten oder geschaffenen Ordnungen [ruhen] (charismatische Herrschaft).

Im Fall der satzungsmäßigen Herrschaft wird der legal gesatzten sachlichen *unpersönlichen Ordnung* und dem durch sie bestimmten *Vorgesetzten* kraft formaler Legalität seiner Anordnungen und in deren Umkreis gehorcht. Im Fall der traditionalen Herrschaft wird der *Per-*

son des durch Tradition berufenen und an die Tradition (in deren Bereich) gebundenen *Herrn* kraft Pietät im Umkreis des Gewohnten gehorcht. Im Fall der charismatischen Herrschaft wird dem charismatisch qualifizierten *Führer* als solchem kraft persönlichen Vertrauens in Offenbarung, Heldentum oder Vorbildlichkeit im Umkreis der Geltung des Glaubens an dieses sein Charisma gehorcht.

1. Die Zweckmäßigkeit dieser Einteilung kann nur der dadurch erzielte Ertrag an Systematik erweisen. Der Begriff des »Charisma« (»Gnadengabe«) ist altchristlicher Terminologie entnommen. Für die christliche Hierokratie hat zuerst Rudolph *Sohms* Kirchenrecht der Sache, wenn auch nicht der Terminologie nach den Begriff, andre (z. B. *Holl* in »Enthusiasmus und Bußgewalt«) [haben] gewisse wichtige Konsequenzen davon verdeutlicht. Er ist also nichts Neues.

2. Daß keiner der drei, im folgenden zunächst zu erörternden, Idealtypen historisch wirklich »rein« vorzukommen pflegt, darf natürlich hier sowenig wie sonst die begriffliche Fixierung in möglichst reiner Ausprägung hindern. Weiterhin (§ 11 ff.) wird die Abwandlung des reinen Charisma durch Veralltäglichung erörtert und dadurch der Anschluß an die empirischen Herrschaftsformen wesentlich gesteigert werden. Aber auch dann gilt für jede empirische historische Erscheinung der Herrschaft: daß sie »kein ausgeklügelt Buch« zu sein pflegt. Und die soziologische Typologie bietet der empirisch historischen Arbeit lediglich den immerhin oft nicht zu unterschätzenden Vorteil: daß sie im Einzelfall an einer Herrschaftsform angeben kann: *was* »charismatisch«, »erbcharismatisch« (§ 10, 11), »amtscharismatisch«, »patriarchal« (§ 7), »bureaukratisch« (§ 4), »ständisch« usw. ist oder sich diesem Typus *nähert*, und daß sie dabei mit leidlich eindeutigen Begriffen arbeitet. Zu glauben: die historische Gesamtrealität lasse sich in das nachstehend entwickelte Begriffsschema »einfangen«, liegt hier so fern wie möglich.

2. Die legale Herrschaft mit bureaukratischem Verwaltungsstab.

V o r b e m e r k u n g : Es wird hier absichtlich von der spezifisch m o d e r n e n Form der Verwaltung ausgegangen, um nachher die andren mit ihr kontrastieren zu können.

§ 3. Die legale Herrschaft beruht auf der Geltung der folgenden untereinander zusammenhängenden Vorstellungen,

1. daß beliebiges Recht durch Paktierung oder Oktroyierung rational, zweckrational oder wertrational orientiert (oder: beides) g e s a t z t werden könne mit dem Anspruch auf Nachachtung mindestens durch die Genossen des Verbandes, regelmäßig aber auch: durch Personen, die innerhalb des Machtbereichs des Verbandes (bei Gebietsverbänden: des Gebiets) in bestimmte von der Verbandsordnung für relevant erklärte soziale Beziehungen geraten oder sozial handeln; –

2. daß jedes Recht seinem Wesen nach ein Kosmos abstrakter, normalerweise: absichtsvoll gesatzter R e g e l n sei, die Rechtspflege die Anwendung dieser Regeln auf den Einzelfall, die Verwaltung die rationale Pflege von, durch Verbandsordnungen vorgesehenen, Interessen, innerhalb der Schranken von Rechtsregeln, und: nach allgemein angebbaren Prinzipien, welche Billigung oder mindestens keine Mißbilligung in den Verbandsordnungen finden; –

3. daß also der typische legale Herr: der »Vorgesetzte«, indem er anordnet und mithin befiehlt, seinerseits der unpersönlichen Ordnung gehorcht, an welcher er seine Anordnungen orientiert, –

Dies gilt auch für denjenigen legalen Herrn, der *nicht* »Beamter« ist, z. B. einen gewählten Staatspräsidenten.

4. daß – wie man dies meist ausdrückt – der Gehorchende nur als *Genosse* und nur »dem Recht« gehorcht.

Als Vereinsgenosse, Gemeindegenosse, Kirchenmitglied, im Staat: *Bürger*.

5. gilt in Gemäßheit von Nr. 3 die Vorstellung, daß die Verbandsgenossen, indem sie dem Herrn gehorchen, nicht seiner Person, sondern jenen unpersönlichen Ordnungen gehorchen und daher zum Gehorsam nur innerhalb der ihm durch diese zugewiesenen rational abgegrenzten sachlichen *Zuständigkeit* verpflichtet sind.

Die Grundkategorien der rationalen Herrschaft sind also

1. ein kontinuierlicher regelgebundener Betrieb von Amtsgeschäften, innerhalb:

2. einer *Kompetenz* (Zuständigkeit), welche bedeutet:

a) einen kraft Leistungsverteilung sachlich abgegrenzten Bereich von Leistungspflichten, –

b) mit Zuordnung der *etwa* dafür erforderlichen Befehlsgewalten und

c) mit fester Abgrenzung der eventuell zulässigen Zwangsmittel und der Voraussetzungen ihrer Anwendung.

Ein derart geordneter Betrieb soll »*Behörde*« heißen.

»Behörden« in diesem Sinn gibt es in großen Privatbetrieben, Parteien, Armeen natürlich genau wie in »Staat« und »Kirche«. Eine »Behörde« im Sinne *dieser* Terminologie ist auch der gewählte Staatspräsident (oder das Kollegium der Minister oder gewählten »Volksbeauftragten«). Diese Kategorien interessieren aber jetzt noch nicht. Nicht *jede* Behörde hat in gleichem *Sinne* »Befehlsgewalten«; aber diese Scheidung interessiert hier nicht.

Dazu tritt

3. das Prinzip der *Amtshierarchie*, d. h. die Ordnung fester Kontroll- und Aufsichtsbehörden für jede Behörde mit dem Recht der Berufung oder Beschwerde von den nachgeordneten an die vorgesetzten. Verschieden ist dabei die Frage geregelt, ob und wann die Beschwerdeinstanz die abzuändernde Anordnung selbst durch eine »richtige« ersetzt oder dies dem ihr untergeordneten Amt, über welches Beschwerde geführt wird, aufträgt.

4. Die »Regeln«, nach denen verfahren wird, können

a) technische Regeln, –

b) Normen sein.

Für deren Anwendung ist in beiden Fällen, zur vollen Rationalität, *Fachschulung* nötig. Normalerweise ist also zur Teilnahme am Verwaltungsstab eines Verbandes nur der nachweislich erfolgreich Fachgeschulte qualifiziert und darf nur ein solcher als *Beamter* angestellt werden. »Beamte« bilden den typischen Verwaltungsstab rationaler Verbände, seien dies politische, hierokratische, wirtschaftliche (insbesondre: kapitalistische) oder sonstige.

5. Es gilt (im Rationalitätsfall) das Prinzip der vollen Trennung des Verwaltungsstabs von den Verwaltungs- und Beschaffungsmitteln. Die Beamten, Angestellten, Arbeiter des Verwaltungsstabs sind nicht im Eigenbesitz der sachlichen Verwaltungs- und Beschaffungsmittel, sondern erhalten diese in Natural- oder Geldform geliefert und sind

rechnungspflichtig. Es besteht das Prinzip der vollen Trennung des Amts- (Betriebs-)Vermögens (bzw. Kapitals) vom Privatvermögen (Haushalt) und der Amtsbetriebsstätte (Bureau) von der Wohnstätte.

6. Es fehlt im vollen Rationalitätsfall jede Appropriation der Amtsstelle an den Inhaber. Wo ein »Recht« am »Amt« konstituiert ist (wie z. B. bei Richtern und neuerdings zunehmenden Teilen der Beamten- und selbst der Arbeiterschaft), dient sie normalerweise nicht dem Zweck einer Appropriation an den Beamten, sondern der Sicherung der rein sachlichen (»unabhängigen«), nur normgebundenen, Arbeit in seinem Amt.

7. Es gilt das Prinzip der *Aktenmäßigkeit* der Verwaltung, auch da, wo mündliche Erörterung tatsächlich Regel oder geradezu Vorschrift ist: mindestens die Vorerörterungen und Anträge und die abschließenden Entscheidungen, Verfügungen und Anordnungen aller Art sind *schriftlich* fixiert. Akten *und* kontinuierlicher Betrieb durch *Beamte* zusammen ergeben: das *Bureau*, als *den* Kernpunkt jedes modernen Verbandshandelns.

8. Die legale Herrschaft kann sehr verschiedene Formen annehmen, von denen später gesondert zu reden ist. Im folgenden wird zunächst absichtlich nur die am meisten rein *herrschaftliche* Struktur des *Verwaltungs*stabes: des »Beamtentums«, der »Bureaukratie«, idealtypisch analysiert.

Daß die typische Art des *Leiters* beiseite gelassen wird, erklärt sich aus Umständen, die erst später ganz verständlich werden. Sehr wichtige Typen rationaler Herrschaft sind *formal* in ihrem Leiter andren Typen angehörig (erbcharismatisch: Erbmonarchie, charismatisch: plebiszitärer Präsident), andere wieder sind *material* in wichtigen Teilen rational, aber in einer zwischen Bureaukratie und Charismatismus in der Mitte liegenden Art konstruiert (Kabinettsregierung), noch andre sind durch die (charismatischen oder bureaukratischen) Leiter *anderer* Verbände (»Parteien«) geleitet (Parteiministerien). Der Typus des rationalen legalen Verwaltungsstabs ist universaler Anwendung fähig und *er* ist das im Alltag *Wichtige*. Denn Herrschaft ist im *Alltag* primär: *Verwaltung*.

§ 4. Der reinste Typus der legalen Herrschaft ist diejenige mittelst *bureaukratischen Verwaltungsstabs*. Nur der Leiter des Verbandes besitzt seine Herrenstellung entweder kraft Appropriation oder kraft einer Wahl oder Nachfolgerdesignation. Aber auch seine Herrenbefugnisse sind legale »Kompetenzen«. Die Gesamtheit des Verwaltungs*stabes* besteht im reinsten Typus aus *Einzelbeamten* (Monokratie, im Gegensatz zur »Kollegialität«, von der später zu reden ist), welche

1. persönlich frei nur *sachlichen* Amtspflichten gehorchen,

2. in fester Amts*hierarchie*,

3. mit festen Amts*kompetenzen*,

4. kraft Kontrakts, also (prinzipiell) auf Grund freier Auslese nach

5. *Fachqualifikation*, – im rationalsten Fall: durch Prüfung ermittelter, durch Diplom beglaubigter Fachqualifikation – *angestellt* (nicht: gewählt) sind, –

6. entgolten sind mit festen Gehältern in *Geld*, meist mit Pensionsberechtigung, unter Umständen allerdings (besonders in Privatbetrieben) kündbar auch von seiten des Herrn, stets aber kündbar von seiten des Beamten; dies Gehalt ist abgestuft primär nach dem hierarchischen Rang,

daneben nach der Verantwortlichkeit der Stellung, im übrigen nach dem Prinzip der »Standesgemäßheit« (Kap. IV),

7. ihr Amt als einzigen oder Haupt-*Beruf* behandeln,

8. eine Laufbahn: »Aufrücken« je nach Amtsalter oder Leistungen oder beiden, abhängig vom Urteil der Vorgesetzten, vor sich sehen,

9. in völliger »Trennung von den Verwaltungsmitteln« und ohne Appropriation der Amtsstelle arbeiten,

10. einer strengen einheitlichen Amts*disziplin* und Kontrolle unterliegen. 1

Diese Ordnung ist im Prinzip in erwerbswirtschaftlichen oder karitativen oder beliebigen anderen private ideelle oder materielle Zwecke verfolgenden Betrieben und in politischen oder hierokratischen Verbänden gleich anwendbar und auch historisch (in mehr oder minder starker Annäherung an den reinen Typus) nachweisbar.

1. Z. B. ist die Bureaukratie in Privatkliniken ebenso wie in Stiftungs- oder Ordenskrankenhäusern im Prinzip die gleiche. Die moderne sogen. »Kaplanokratie«: die Enteignung der alten weitgehend appropriierten Kirchenpfründen, aber auch der Universalepiskopat 2
(als formale universale »Kompetenz«) und die Infallibilität (als materiale universale »Kompetenz«, nur »ex cathedra«, im *Amt*, fungierend, also unter der typischen Scheidung von »Amt« und »Privat«-Tätigkeit) sind typisch bureaukratische Erscheinungen. Ganz ebenso der großkapitalistische Betrieb, je größer desto mehr, und nicht minder der *Parteibetrieb* (von dem gesondert zu reden sein wird) oder das durch, »Offiziere« genannte, militärische *Beamte* besonderer Art geführte moderne bureaukratische *Heer*.

2. Die bureaukratische Herrschaft ist da am reinsten durchgeführt, wo das Prinzip der *Ernennung* der Beamten am reinsten herrscht. 3
Eine Wahlbeamten-*Hierarchie* gibt es im gleichen Sinne wie die Hierarchie der ernannten Beamten nicht: schon die Disziplin vermag ja natürlich niemals auch nur annähernd die gleiche Strenge zu errei-

chen, wo der unterstellte Beamte auf Wahl ebenso zu pochen vermag wie der übergeordnete und nicht von *dessen* Urteil seine Chancen abhängen. (S. über die Wahlbeamten unten § 14.)

3. Kontrakts-Anstellung, also freie Auslese, ist der *modernen* Bureaukratie *wesentlich*. Wo *unfreie* Beamte (Sklaven, Ministeriale) in hierarchischer Gliederung mit sachlichen Kompetenzen, also in formal bureaukratischer Art, fungieren, wollen wir von »Patrimonialbureaukratie« sprechen.

4. Das Ausmaß der Fachqualifikation ist in der Bureaukratie in stetem Wachsen. Auch der Partei- und Gewerkschaftsbeamte bedarf des *fach*mäßigen (empirisch erworbenen) Wissens. Daß die modernen »Minister« und »Staatspräsidenten« die einzigen »Beamten« sind, für die *keine* Fachqualifikation verlangt wird, beweist: daß sie Beamte nur im *formalen*, nicht im *materialen* Sinne sind, ganz ebenso wie der »Generaldirektor« eines großen Privataktienbetriebs. Vollends der kapitalistische Unternehmer ist ebenso appropriiert wie der »Monarch«. Die bureaukratische Herrschaft hat also an der *Spitze* unvermeidlich ein mindestens nicht *rein* bureaukratisches Element. Sie ist nur eine Kategorie der Herrschaft durch einen besonderen *Verwaltungsstab*.

5. Das feste Gehalt ist das *Normale*. (Appropriierte Sporteleinnahmen wollen wir als »Pfründen« bezeichnen: über den Begriff s. § 8[.]) Ebenso das Geldgehalt. Es ist durchaus nicht begriffswesentlich, entspricht aber doch am reinsten dem Typus. (Naturaldeputate haben »Pfründen«-Charakter. Pfründe ist normalerweise eine Kategorie der *Appropriation* von Erwerbschancen und Stellen.) Aber die Übergänge sind hier völlig flüssig, wie gerade solche Beispiele zeigen. Die Appropriationen kraft Amtspacht, Amtskauf, Amtspfand gehören einer andern Kategorie als der reinen Bureaukratie an (§ 7a, 3 am Schluß).

6. »Ämter« im »Nebenberuf« und vollends »Ehrenämter« gehören in später (§ 19 f. unten) zu erörternde Kategorien. Der typische »bureaukratische« Beamte ist Hauptberufsbeamter.

7. Die Trennung von den Verwaltungsmitteln ist in der öffentlichen und der Privatbureaukratie (z. B. im großkapitalistischen Unternehmen) genau im gleichen Sinn durchgeführt.

8. *Kollegiale* »Behörden« werden weiter unten (§ 15) gesondert betrachtet werden. Sie sind in schneller Abnahme zugunsten der faktisch und meist auch formal monokratischen Leitung begriffen (z. B. waren die kollegialen »Regierungen« in Preußen längst dem monokratischen Regierungs*präsidenten* gewichen). Das Interesse an schneller, eindeutiger, daher von Meinungskompromissen und Meinungsumschlägen der Mehrheit freier Verwaltung ist dafür entscheidend.

9. Selbstverständlich sind moderne Offiziere eine mit ständischen Sondermerkmalen, von denen andernorts (Kap. IV) zu reden ist, ausgestattete Kategorie von ernannten *Beamten*, ganz im Gegenteil zu Wahlführern einerseits, charismatischen (§ 10) Kondottieren andererseits, kapitalistischen Unternehmeroffizieren (Soldheer) drittens, Offizierstellen-Käufern (§ 7a am Schluß) viertens. Die Übergänge können flüssig sein. Die patrimonialen »Diener«, getrennt von den Verwaltungsmitteln, und die kapitalistischen Heeres*unternehmer* sind ebenso wie, oft, die kapitalistischen Privatunternehmer, Vorläufer der modernen Bureaukratie gewesen. Davon später im einzelnen.

§ 5. Die rein bureaukratische, also: die bureaukratisch-monokratische aktenmäßige Verwaltung ist nach allen Erfahrungen die an Präzision, Stetigkeit, Disziplin, Straffheit und Verläßlichkeit, also: Berechenbarkeit für den Herrn wie für die Interessenten, Intensität und Extensität der Leistung, formal universeller Anwendbarkeit auf alle Aufgaben, rein *technisch* zum Höchstmaß der Leistung vervollkommenbare, in all diesen Bedeutungen: formal *rationalste*, Form der Herrschaftsausübung. Die Entwicklung »moderner« Verbandsformen auf *allen* Gebieten (Staat, Kirche, Heer, Partei, Wirtschaftsbetrieb, Interessentenverband, Verein, Stiftung und was immer es sei) ist schlechthin identisch mit Entwicklung und stetiger Zunahme der *bureaukratischen* Verwaltung: ihre Entstehung ist z.B. die Keimzelle des modernen okzidentalen Staats. Man darf sich durch alle scheinbaren Gegeninstanzen, seien es kollegiale Interessentenvertretungen oder Parlamentsausschüsse oder »Räte-Diktaturen« oder Ehrenbeamte oder Laienrichter oder was immer (und vollends durch das Schelten über den »hl. Bureaukratius«) nicht einen Augenblick darüber täuschen lassen, daß alle *kontinuierliche Arbeit* durch *Beamte* in *Bureaus* erfolgt. Unser gesamtes Alltagsleben ist in diesen Rahmen eingespannt. Denn wenn die bureaukratische Verwaltung *überall* die – ceteris paribus! – formal-technisch rationalste ist, so ist sie für die Bedürfnisse der *Massen*verwaltung (personalen oder sachlichen) heute schlechthin unentrinnbar. Man hat nur die Wahl zwischen »Bureaukratisierung« und »Dilettantisierung« der Verwaltung, und das große Mittel der Überlegenheit der bureaukratischen Verwaltung ist: *Fachwissen*, dessen völlige Unentbehrlichkeit durch die moderne Technik und Ökonomik der Güterbeschaffung bedingt wird, höchst einerlei ob diese kapitalistisch oder – was, wenn die *gleiche* technische Leistung erzielt werden sollte, nur eine ungeheure *Steigerung* der Bedeutung der Fachbureaukratie bedeuten würde – sozialistisch organisiert ist. Wie die Beherrschten sich einer bestehenden bureaukratischen Herrschaft normalerweise nur erwehren können durch Schaffung einer eigenen, ebenso der Bureaukratisierung ausgesetzten Gegenorganisation, so ist auch der bureaukratische Apparat selbst durch zwingende Interessen materieller und rein sachlicher, also: ideeller Art an sein eigenes Weiterfunktionieren gebunden: Ohne ihn würde in einer Gesellschaft mit *Trennung* des Beamten,

Angestellten, Arbeiters, von den Verwaltungsmitteln und Unentbehrlichkeit der *Disziplin* und *Geschultheit* die moderne Existenzmöglichkeit für alle außer den noch im Besitz der Versorgungsmittel Befindlichen (den Bauern) aufhören. Er funktioniert für die zur Gewalt gelangte Revolution und für den okkupierenden Feind normalerweise einfach weiter wie für die bisher legale Regierung. Stets ist die Frage: *wer beherrscht* den bestehenden bureaukratischen Apparat? Und stets ist seine Beherrschung dem *Nicht*-Fachmann nur begrenzt möglich: der Fach-Geheimrat ist dem Nichtfachmann als Minister auf die Dauer meist überlegen in der Durchsetzung seines Willens. Der Bedarf nach stetiger, straffer, intensiver und *kalkulierbarer* Verwaltung, wie ihn der Kapitalismus – nicht: *nur* er, aber allerdings und unleugbar: er vor allem – historisch geschaffen hat (er kann ohne sie nicht bestehen) und jeder *rationale* Sozialismus einfach übernehmen müßte und steigern würde, bedingt diese Schicksalhaftigkeit der Bureaukratie als des Kerns *jeder* Massenverwaltung. Nur der (politische, hierokratische, vereinliche, wirtschaftliche) *Klein*betrieb könnte ihrer weitgehend entraten. Wie der Kapitalismus in seinem heutigen Entwicklungsstadium die Bureaukratie *fordert* – obwohl er und sie aus verschiedenen *geschichtlichen* Wurzeln gewachsen sind –, so ist er auch die rationalste, weil fiskalisch die nötigen *Geld*-mittel zur Verfügung stellende, wirtschaftliche Grundlage, auf der sie in rationalster Form bestehen kann.

Neben den fiskalischen Voraussetzungen bestehen für die bureaukratische Verwaltung *wesentlich* verkehrstechnische Bedingungen. Ihre Präzision fordert Eisenbahn, Telegramm, Telephon und ist zunehmend an sie gebunden. Daran könnte eine sozialistische Ordnung nichts ändern. Die Frage wäre (s. Kap. II, § 12), ob sie in der *Lage* wäre, ähnliche Bedingungen für eine *rationale*, und das hieße *gerade* für sie: straff bureaukratische Verwaltung zu noch festeren formalen *Regeln* zu schaffen, wie die kapitalistische Ordnung. Wenn nicht, – so läge hier wiederum eine jener großen Irrationalitäten: Antinomie der formalen und materialen Rationalität, vor, deren die Soziologie so viele zu konstatieren hat.

Die bureaukratische Verwaltung bedeutet: Herrschaft kraft *Wissen*: dies ist ihr spezifisch rationaler Grundcharakter. Über die durch das *Fach*wissen bedingte gewaltige Machtstellung hinaus hat die Bureaukratie (oder der Herr, der sich ihrer bedient), die Tendenz, ihre Macht noch weiter zu steigern durch das *Dienst*wissen: die durch Dienstverkehr erworbenen oder »aktenkundigen« Tatsachenkenntnisse. Der nicht nur, aber allerdings spezifisch bureaukratische Begriff des »Amtsgeheimnisses« – in seiner Beziehung zum Fachwissen etwa den kommerziellen Betriebsgeheimnissen gegenüber den technischen vergleichbar – entstammt diesem Machtstreben.

Überlegen ist der Bureaukratie an Wissen: Fachwissen und Tatsachenkenntnis, innerhalb *seines* Interessenbereichs, regelmäßig *nur*: der private Erwerbsinteressent. Also: der kapitalistische Unternehmer. Er ist die *einzige* wirklich gegen die Unentrinnbarkeit der bureaukratischen rationalen Wissens-Herrschaft (mindestens: relativ) *immune* Instanz. Alle andern sind in *Massen*verbänden der bureaukratischen Beherrschung unentrinnbar verfallen, genau wie der Herrschaft der sachlichen Präzisionsmaschine in der Massengüterbeschaffung.

Die bureaukratische Herrschaft bedeutet sozial im allgemeinen:

1. die Tendenz zur *Nivellierung* im Interesse der universellen Rekrutierbarkeit aus den *fachlich* Qualifiziertesten,

2. die Tendenz zur *Plutokratisierung* im Interesse der möglichst lang (oft bis fast zum Ende des dritten Lebensjahrzehnts) dauernden Fach*einschulung*,

3. die Herrschaft der formalistischen *Unpersönlichkeit*: sine ira et studio, ohne Haß und Leidenschaft, daher ohne »Liebe« und »Enthusiasmus«, unter dem Druck schlichter *Pflicht*begriffe; »ohne Ansehen der Person«, formal gleich für »jedermann«, d. h. jeden in gleicher *faktischer* Lage befindlichen Interessenten, waltet der ideale Beamte seines Amtes.

Wie aber die Bureaukratisierung ständische Nivellierung (der normalen, historisch auch als normal erweislichen Tendenz nach) *schafft*, so fördert umgekehrt jede soziale Nivellierung, indem sie den *ständischen*, kraft Appropriation der Verwaltungsmittel und der Verwaltungsgewalt, Herrschenden und im Interesse der »Gleichheit«, den kraft *Besitz* zu »ehrenamtlicher« oder »nebenamtlicher« Verwaltung befähigten Amtsinhaber beseitigt, die Bureaukratisierung, die überall der unentrinnbare Schatten der vorschreitenden »*Massen*demokratie« ist, – wovon eingehender in anderem Zusammenhang.

Der normale »Geist« der rationalen Bureaukratie ist, allgemein gesprochen:

1. Formalismus, gefordert von allen an Sicherung persönlicher Lebenschancen gleichviel welcher Art Interessierten, – weil sonst Willkür die Folge wäre, und der For-

malismus die Linie des kleinsten Kraftmaßes ist. Scheinbar und zum Teil wirklich im Widerspruch mit dieser Tendenz *dieser* Art von Interessen steht

2. die Neigung der Beamten zu *material*-utilitarisch gerichteter Behandlung ihrer Verwaltungsaufgaben im Dienst der zu beglückenden Beherrschten. Nur pflegt sich dieser materiale Utilitarismus in der Richtung der Forderung entsprechender – ihrerseits wiederum: formaler und in der Masse der Fälle formalistisch behandelter – *Reglements* zu äußern. (Darüber in der Rechtssoziologie.) Unterstützung findet diese Tendenz zur *materialen* Rationalität von seiten aller derjenigen Beherrschten, welche *nicht* zu der unter Nr. 1 bezeichneten Schicht der an »Sicherung« Interessierten gegen *besessene* Chancen gehören. Die daher rührende Problematik gehört in die Theorie der »Demokratie«.

3. Traditionale Herrschaft.

§ 6. *Traditional* soll eine Herrschaft heißen, wenn ihre Legitimität sich stützt und geglaubt wird auf Grund der Heiligkeit altüberkommener (»von jeher bestehender«) Ordnungen und Herrengewalten. Der Herr (oder: die mehreren Herren) sind kraft traditional überkommener Regel bestimmt. Gehorcht wird ihnen kraft der durch die Tradition ihnen zugewiesenen Eigenwürde. Der Herrschaftsverband ist, im einfachsten Fall, primär ein durch Erziehungsgemeinsamkeit bestimmter *Pietäts*verband. Der Herrschende ist nicht »Vorgesetzter«, sondern persönlicher *Herr*, sein Verwaltungsstab primär nicht »Beamte«, sondern persönliche »*Diener*«, die Beherrschten nicht »Mitglieder« des Verbandes, sondern entweder: 1. »traditionale Genossen« (§ 7[a]) oder 2. »Untertanen«. Nicht sachliche Amtspflicht, sondern persönliche Dienertreue bestimmen die Beziehungen des Verwaltungsstabes zum Herrn.

Gehorcht wird nicht Satzungen, sondern der durch Tradition oder durch den traditional bestimmten Herrscher dafür berufenen *Person*, deren Befehle legitim sind in zweierlei Art:

a) teilweise kraft eindeutig den *Inhalt* der Anordnungen bestimmender Tradition und in deren geglaubtem Sinn und Ausmaß, welches durch Überschreitung der traditionalen Grenzen zu erschüttern für die eigene traditionale Stellung des Herrn gefährlich werden könnte,

b) teilweise kraft der freien Willkür des Herrn, welcher die *Tradition* den betreffenden Spielraum zuweist.

Diese traditionale Willkür beruht primär auf der prinzipiellen Schrankenlosigkeit von pietätspflichtmäßiger Obedienz.

Es existiert also das Doppelreich

a) des material traditionsgebundenen Herrenhandelns,

b) des material traditionsfreien Herrenhandelns.

Innerhalb des letzteren kann der Herr nach freier Gnade und Ungnade, persönlicher Zu- und Abneigung, und rein persönlicher, insbesondere auch durch Geschenke – die Quellen der »Gebühren« – zu erkaufender Willkür »Gunst« erweisen. Soweit er da nach Prinzipien verfährt, sind dies solche der *materialen* ethischen Billigkeit, Gerechtigkeit oder der utilitarischen Zweckmäßigkeit, nicht aber – wie bei der legalen Herrschaft –: formale Prinzipien. Die *tatsächliche* Art der Herrschaftsausübung richtet sich darnach: was *üblicherweise* der Herr (und sein Verwaltungsstab) sich gegenüber der traditionalen Fügsamkeit der Untertanen gestatten dürfen, ohne sie zum Widerstand zu reizen. Dieser Widerstand richtet sich, wenn er entsteht, gegen die *Person* des Herrn (oder: Dieners), der die traditionalen Schranken der Gewalt mißachtete, nicht aber: gegen das System als solches (»traditionalistische Revolution«).

Recht oder Verwaltungsprinzipien durch Satzung absichtsvoll neu zu »schaffen«, ist bei reinem Typus der traditionalen Herrschaft unmöglich. Tatsächliche Neuschöpfungen können sich also nur als von jeher geltend und nur durch »Weistum« *erkannt* legitimieren. Als Orientierungsmittel für die Rechtsfindung kommen nur Dokumente der Tradition: »Präzedenzien und Präjudizien« in Frage.

§ 7. Der Herr herrscht entweder 1. *ohne* oder 2. *mit* Verwaltungsstab. Über den ersten Fall s. § 7a Nr. 1.

Der typische Verwaltungsstab kann *rekrutiert* sein aus:

a) traditional, durch Pietätsbande, mit dem Herrn Verbundenen (»patrimonial rekrutiert«):

α. Sippenangehörigen,

β. Sklaven,

γ. haushörige Hausbeamte, insbesondere: »Ministerialen«,

δ. Klienten,

ε. Kolonen,

ξ. Freigelassenen;

b) (»extrapatrimonial rekrutiert« aus:)

α. persönlichen Vertrauensbeziehungen (freie »Günstlinge« aller Art) oder

β. Treubund mit dem zum Herrn Legitimierten (Vasallen) endlich

γ. freie, in das Pietätsverhältnis zu ihm eintretende *Beamte*.

Zu a α) Es ist ein sehr oft sich findendes Verwaltungsprinzip traditionalistischer Herrschaften, die wichtigsten Stellungen mit Angehörigen der Herrensippe zu besetzen.

Zu a β): Sklaven und (a ζ) Freigelassene finden sich in patrimonialen Herrschaften oft bis in die höchsten Stellungen (frühere Sklaven als Großveziere waren nicht selten).

Zu a γ) Die typischen Hausbeamten: Seneschall (Großknecht), Marschall (Pferdeknecht), Kämmerer, Truchseß, Hausmeier (Vorsteher des Gesindes und eventuell der Vasallen) finden sich in Europa überall. Im Orient treten als besonders wichtig der Großeunuch (Haremswächter), bei den Negerfürsten oft der Henker, außerdem überall oft der Leibarzt, Leibastrologe und ähnliche Chargen hinzu.

Zu a δ) Die Königsklientel ist in China wie in Ägypten die Quelle des patrimonialen Beamtentums gewesen.

Zu a ε) Kolonenheere hat der ganze Orient, aber auch die Herrschaft der römischen Nobilität gekannt. (Noch der islamische Orient der Neuzeit kannte Sklavenheere.)

Zu b α) Die »Günstlings«-Wirtschaft ist jedem Patrimonialismus spezifisch und oft Anlaß »traditionalistischer Revolutionen« (Begriff s. am Schluß des §).

Zu b β) Über die »Vasallen« ist gesondert zu sprechen.

Zu b γ) Die »Bureaukratie« ist in Patrimonialstaaten zuerst *entstanden*, als Beamtentum mit extrapatrimonialer Rekrutierung. Aber *diese* Beamten waren, wie bald zu erwähnen, zunächst *persönliche* Diener des Herrn.

Es fehlt dem Verwaltungsstab der traditionalen Herrschaft im reinen Typus:

a) die feste »Kompetenz« nach sachlicher Regel,

b) die feste rationale Hierarchie,

c) die geregelte Anstellung durch freien Kontrakt und das geregelte Aufrücken,

d) die Fachgeschultheit (als Norm),

e) (oft) das feste und (noch öfter) das in Geld gezahlte Gehalt.

Zu a) An Stelle der festen sachlichen Kompetenz steht die Konkurrenz der vom Herrn zunächst nach freier Willkür gegebenen jeweiligen, dann dauernd werdenden, schließlich oft traditional stereotypierten Aufträge und Vollmachten untereinander, die insbesondre durch die Konkurrenz um die ebenso den Beauftragten wie dem Herrn selbst bei Inanspruchnahme ihrer Bemühungen zustehenden Sportelchancen geschaffen wird: durch solche Interessen werden oft erstmalig die sachlichen Zuständigkeiten und damit die Existenz einer »Behörde« konstituiert. Alle mit Dauerzuständigkeit versehenen Beauftragten sind zunächst Hausbeamte des Herrn, ihre *nicht* hausgebundene (»extrapatrimoniale«) Zuständigkeit ist eine an ihren Hausdienst nach oft ziemlich äußerlichen sachlichen Verwandtschaften des Tätigkeitsgebiets angelehnte oder nach zunächst ganz freiem Belieben des Herrn, welches später traditional stereotypiert wird, ihnen zugewiesene Zuständigkeit. Neben den Hausbeamten gab es *primär* nur Beauftragte ad hoc.

Der fehlende »Kompetenz«-Begriff ergibt sich leicht bei Durchmusterung etwa der Liste der Bezeichnungen altorientalischer Beamter. Es ist – mit seltenen Ausnahmen – unmöglich, eine rational abgegrenzte sachliche Tätigkeitssphäre nach Art unserer »Kompetenz« als *dauernd* feststehend zu ermitteln.

Die Tatsache der Abgrenzung faktischer Dauerzuständigkeiten durch Konkurrenz und Kompromiß von Sportelinteressen ist insbesondere im Mittelalter zu beobachten. Die Wirkung dieses Umstandes ist eine sehr weitreichende gewesen. Sportelinteressen der mächtigen Königsgerichte und des mächtigen nationalen Anwaltsstandes haben in England die Herrschaft des römischen und kanonischen Rechts teils vereitelt, teils begrenzt. Die irrationale Abgrenzung zahlreicher Amtsbefugnisse aller Epochen war durch die einmal gegebene Abgrenzung der Sportelinteressensphären stereotypiert.

Zu b) Die Bestimmung, ob und an welche Beauftragten oder ob von dem Herrn selbst die Entscheidung eines Gegenstandes oder einer Beschwerde dagegen erledigt werden soll, ist entweder

α. traditional, zuweilen unter Berücksichtigung der Provenienz bestimmter von außen her übernommener Rechtsnormen oder Präzedenzien (Oberhof-System) geregelt, oder

β. völlig dem jeweiligen Belieben des Herrn anheimgestellt, dem, wo immer er persönlich erscheint, alle Beauftragten weichen.

Neben dem traditionalistischen Oberhof-System steht das aus der Sphäre der Herrenmacht stammende deutschrechtliche Prinzip: daß dem anwesenden Herrn alle Gerichtsbarkeit ledig wird, [sowie] das aus der gleichen Quelle und der freien Herrengnade stammende jus evocandi und sein moderner Ableger: die »Kabinettsjustiz«. Der »Oberhof« ist im Mittelalter besonders oft die Rechtsweisungsbehörde, von welcher aus das Recht eines Ortes importiert ist.

Zu c) Die Hausbeamten und Günstlinge sind sehr oft rein patrimonial rekrutiert: Sklaven oder Hörige (Ministerialen) des Herrn. Oder sie sind, wenn extrapatrimonial rekrutiert, Pfründner (s. u.), die er nach formal freiem Ermessen versetzt. Erst der Eintritt freier Vasallen und die Verleihung der Ämter kraft Lehens*kontrakts* ändert dies grundsätzlich, schafft aber, – da die Lehen keineswegs durch sachliche Gesichtspunkte in Art und Ausmaß bestimmt werden, – in den Punkten a und b keine Änderung. Ein Aufrücken gibt es, außer unter Umständen bei *präbendaler* Struktur des Verwaltungsstabes (s. § 8), nur nach Willkür und Gnade des Herrn.

Zu d) Rationale Fachgeschultheit als prinzipielle Qualifikation fehlt primär allen Hausbeamten und Günstlingen des Herrn. Der Beginn der Fachschulung der Angestellten (gleichviel welcher Art) macht überall Epoche in der Art der Verwaltung.

Ein gewisses Maß empirischer Schulung ist für manche Ämter schon sehr früh erforderlich gewesen. Indessen vor allem die Kunst zu lesen und zu schreiben, ursprünglich wirklich noch eine »Kunst« von hohem Seltenheitswert, hat oft – wichtigstes Beispiel: China – durch die Art der Lebensführung der Literaten die ganze Kulturentwicklung entscheidend beeinflußt und die *intra*patrimoniale Rekrutierung der Beamten *beseitigt*, dadurch also die Macht des Herrn »ständisch« (s. [§ 7a] Nr. 3) *beschränkt*.

Zu e) Die Hausbeamten und Günstlinge werden primär am Tisch des Herrn und aus seiner Kammer verpflegt und equipiert. Ihre Abschichtung vom Herrentisch bedeutet in aller Regel Schaffung von (zunächst: Natural-)*Pfründen*, deren Art und Ausmaß sich leicht stereotypiert. Daneben (oder statt ihrer) stehen den außerhaushaltsmäßig beauftragten Organen des Herrn regelmäßig ebenso wie ihm selbst »Gebühren« zu (oft ohne jede Tarifierung von Fall zu Fall mit den um eine »Gunst« sich Bewerbenden vereinbart).

Über den Begriff der »Pfründe« s. gleich [§ 8].

§ 7a. 1. Die primären Typen der traditionalen Herrschaft sind die Fälle des *Fehlens* eines *persönlichen Verwaltungsstabs* des Herrn:

a) Gerontokratie und

b) primärer Patriarchalismus.

Gerontokratie heißt der Zustand, daß, soweit *überhaupt* Herrschaft im Verband geübt wird, die (ursprünglich im wörtlichen Sinn: an Jahren) Ältesten, als beste Kenner der heiligen Tradition, sie ausüben. Sie besteht oft für *nicht* primär ökonomische oder familiale Verbände. Patriarchalismus heißt der Zustand, daß innerhalb eines, meist, primär ökonomischen und familialen (Haus-)Verbandes ein (normalerweise) nach fester Erbregel bestimmter einzelner die Herrschaft ausübt. Gerontokratie und Patriarchalismus stehen nicht selten nebeneinander. Entscheidend ist dabei: daß die Gewalt der Gerontokraten sowohl wie des Patriarchen im reinen Typus an der Vorstellung der Beherrschten (»Genossen«) orientiert ist: daß diese Herrschaft zwar traditionales Eigenrecht des Herrn sei, aber *material* als präeminentes Genossenrecht, daher in ihrem, der Genossen, *Interesse* ausgeübt werden müsse, ihm also nicht frei appropriiert sei. Das, bei *diesen* Typen, *völlige* Fehlen eines rein *persönlichen* (»patrimonialen«) Verwaltungsstabs des Herrn ist dafür bestimmend. Der Herr ist daher von dem Gehorchen *wollen* der Genossen noch weitgehend abhängig, da er keinen »Stab« hat. Die Genossen sind daher noch »Genossen«, und noch nicht: »Untertanen«. Aber sie sind »Genossen« kraft *Tradition*, nicht: »Mitglieder« kraft *Satzung*. Sie schulden die Obödienz dem *Herrn*, nicht der gesatzten *Regel*. Aber dem Herrn allerdings *nur*: *gemäß* Tradition. Der Herr seinerseits ist *streng* traditionsgebunden.

Über die Arten der Gerontokratie s. später. Primärer Patriarchalismus ist ihr insofern verwandt, als die Herrschaft nur innerhalb des Hauses obligat, im übrigen aber – wie bei den arabischen Schechs – nur exemplarisch, also nach Art der charismatischen[:] durch Beispiel, oder aber: durch Rat und Einflußmittel wirkt.

2. Mit dem Entstehen eines rein persönlichen Verwaltungs- (und: Militär-)Stabes des Herrn neigt jede traditionale Herrschaft zum *Patrimonialismus* und im Höchstmaß der Herrengewalt: zum *Sultanismus*:

die »Genossen« werden nun erst zu »Untertanen«, das bis dahin als präeminentes Genossenrecht gedeutete Recht des Herrn zu seinem Eigenrecht, ihm in (prinzipiell) gleicher Art appropriiert wie irgendein Besitzobjekt beliebigen Charakters, verwertbar (verkäuflich, verpfändbar, erbteilbar) prinzipiell wie irgendeine wirtschaftliche Chance. Äußerlich stützt sich die patrimoniale Herrengewalt auf (oft: gebrandmarkte) Sklaven- oder Kolonen- oder gepreßte Untertanen oder – um die Interessengemeinschaft gegenüber den letzteren möglichst unlöslich zu machen – Sold-Leibwachen und -Heere (patrimoniale Heere). Kraft

dieser Gewalt erweitert der Herr das Ausmaß der traditionsfreien Willkür, Gunst und Gnade auf Kosten der patriarchalen und gerontokratischen Traditionsgebundenheit. *Patrimoniale* Herrschaft soll jede primär traditional orientierte, aber kraft vollen Eigenrechts ausgeübte, *sultanistische* eine in der Art ihrer Verwaltung sich primär in der Sphäre freier traditionsungebundener Willkür bewegende Patrimonialherrschaft heißen. Der Unterschied ist *durchaus* fließend. Vom *primären* Patriarchalismus scheidet beide, auch den Sultanismus, die Existenz des 1
persönlichen *Verwaltungsstabs*.

Die sultanistische Form des Patrimonialismus ist zuweilen, dem äußeren Anscheine nach, – in Wahrheit: nie wirklich – völlig traditionsungebunden. Sie ist aber nicht *sachlich* rationalisiert, sondern es ist in ihr nur die Sphäre der freien Willkür und Gnade ins Extrem 1
entwickelt. Dadurch unterscheidet sie sich von jeder Form rationaler Herrschaft.

3. *Ständische* Herrschaft soll diejenige Form patrimonialer Herrschaft heißen, bei welcher dem *Verwaltungsstab* bestimmte Herrengewalten und die entspre- 2
chenden ökonomischen Chancen *appropriiert* sind. Die Appropriation kann – wie in allen ähnlichen Fällen (Kap. II, § 19):

a) einem Verbande oder einer durch Merkmale ausgezeichneten Kategorie von Personen, oder 2

b) individuell und zwar: nur lebenslänglich oder auch erblich oder als freies Eigentum erfolgen.

Ständische Herrschaft bedeutet also

a) stets Begrenzung der freien Auslese des Verwaltungsstabes durch den Herrn, durch die Appropriation der Stellen oder Herrengewalten:

α. an einen Verband,

β. an eine ständisch (Kap. IV) qualifizierte Schicht, – oder

b) oft – und dies soll hier als »Typus« gelten – ferner:

α. Appropriation der Stellen, also (eventuell) der durch ihre Innehabung geschaffenen Erwerbschancen und

β. Appropriation *der sachlichen Verwaltungsmittel*,

γ. Appropriation der Befehlsgewalten:

an die *einzelnen* Mitglieder des Verwaltungsstabs.

Die Appropriierten [Appropriatoren] können dabei *historisch* sowohl 1. aus dem vorher *nicht* ständischen Verwaltungsstab hervorgegangen sein, wie 2. vor der Appropriation *nicht* dazu gehört haben.

Der appropriierte [appropriierende] ständische Inhaber von Herrengewalten *bestreitet die Kosten der Verwaltung* aus eignen und ungeschieden ihm appropriierten Verwaltungsmitteln. Inhaber von militärischen Herrengewalten oder *ständische* Heeresangehörige *equipieren sich selbst* und eventuell die von ihnen zu stellenden patrimonial oder wiederum ständisch rekrutierten Kontingente (ständisches Heer). Oder aber: die Beschaffung der Verwaltungsmittel und des Verwaltungsstabs wird geradezu als Gegenstand einer Erwerbsunternehmung gegen Pauschalleistungen aus dem Magazin oder der Kasse des Herrn appropriiert, wie namentlich (aber nicht nur) beim Soldheer des 16. und 17. Jahrhunderts in Europa (kapitalistisches Heer). Die Gesamtgewalt ist in den Fällen voller ständischer Appropriation zwischen dem Herrn und den appropriierten [appropriierenden] Gliedern des Verwaltungsstabs kraft deren Eigenrechts regelmäßig geteilt, oder aber es bestehen durch besondere Ordnungen des Herrn oder besondere Kompromisse mit den Appropriierten [Appropriatoren] regulierte Eigengewalten.

Fall 1 z. B. Hofämter eines Herrn, welche als Lehen appropriiert werden. Fall 2 z. B. Grundherren, welche kraft Herren-Privileg oder durch Usurpation (meist ist das erste die Legalisierung des letzteren) Herrenrechte appropriierten.

Die Appropriation an die *einzelnen* kann beruhen auf:

1. Verpachtung,

2. Verpfändung,

3. Verkauf,

4. persönlichem oder erblichem oder frei appropriiertem, unbedingtem oder durch Leistungen bedingtem Privileg, gegeben:

a) als Entgelt für Dienste oder um Willfährigkeit zu erkaufen oder

b) in Anerkennung der tatsächlichen Usurpation von Herrengewalten.

5. Appropriation an einen Verband oder eine ständisch qualifizierte Schicht, regelmäßig Folge eines Kompromisses von Herrn und Verwaltungsstab, oder einer vergesellschafteten ständischen Schicht; es kann

α. dem Herrn volle oder relative Freiheit der *Auswahl* im Einzelfall lassen, oder

β. für die persönliche Innehabung der Stelle feste Regeln satzen, –

6. *Lehen*, worüber besonders zu reden sein wird.

1. Die Verwaltungsmittel sind – der dabei herrschenden, allerdings meist ungeklärten Vorstellung nach – bei Gerontokratie und reinem Patriarchalismus dem verwalteten Verband oder dessen einzelnen an der Verwaltung beteiligten Haushaltungen appropriiert: »für« den Verband wird die Verwaltung geführt. Die Appropriation an den Herrn als solchen gehört erst der Vorstellungswelt des Patrimonialismus an und kann sehr verschieden voll – bis zu vollem Bodenregal und voller Herrensklaverei der Untertanen (»Verkaufsrecht« des Herrn) – durchgeführt sein. Die ständische Appropriation bedeutet Appropriation mindestens eines Teils der Verwaltungsmittel an die Mitglieder des Verwaltungsstabes. Während also beim reinen Patrimonialismus volle Trennung der Verwalter von den Verwaltungsmitteln stattfindet, ist dies beim ständischen Patrimonialismus gerade umgekehrt: der Verwaltende ist im Besitz der Verwaltungsmittel, aller oder mindestens eines wesentlichen Teils. So war der Lehensmann, der sich selbst equipierte, der belehnte Graf, der die Gerichts- und andern Gebühren und Auflagen für sich vereinnahmte und aus eigenen Mitteln (zu denen auch die appropriierten gehörten) dem Lehensherrn seine Pflicht bestritt, der indische jagirdar, der aus seiner Steuerpfründe sein Heereskontingent stellte, im Vollbesitz der Verwaltungsmittel, dagegen der Oberst, der ein Söldnerregiment in eigner Entreprise aufstellte und dafür bestimmte Zahlungen aus der fürstlichen Kasse erhielt und sich für das Defizit durch Minderleistung und aus der Beute oder durch Requisitionen bezahlt machte, im teilweisen (und: regulierten) Besitz der Verwaltungsmittel. Während der Pharao, der Sklaven- oder Kolonen-Heere aufstellte und durch Königsklienten führen ließ, sie aus seinen Magazinen kleidete, ernährte, bewaffnete, als Patrimonialherr im vollen Eigenbesitz der Verwaltungsmittel war. Dabei ist die formale Regelung nicht immer das Ausschlaggebende: die Mameluken waren formal Sklaven, rekrutierten sich formal durch »Kauf« des Herrn, – tatsächlich aber monopolisierten sie die Herrengewalten so vollkommen, wie nur irgendein Ministerialenverband die Dienstlehen. Die Appropriation von Dienstland an einen geschlossenen Verband, aber ohne individuelle Appropriation, kommt vor, sowohl mit innerhalb des Verbands freier Besetzung durch den Herrn (Fall 5, α des Textes), wie

mit Regulierung der Qualifikation zur Übernahme (Fall 5, β des Texts), z. B. durch Verlangen militärischer oder anderer (ritueller) Qualifikation des Anwärters und andrerseits (bei deren Vorliegen) Vorzugsrecht der nächsten Blutsverwandten. Ebenso bei hofrechtlichen oder zünftigen Handwerker- oder Bauernstellen, deren Leistungen militärischen oder Verwaltungsbedürfnissen zu dienen bestimmt sind.

2. Appropriation durch Verpachtung (Steuerpacht insbesondere), Verpfändung oder Verkauf waren dem Okzident, aber auch dem Orient und Indien bekannt; in der Antike war Vergebung durch Auktion bei Priesterstellen nicht selten. Der Zweck war bei der Verpachtung teils ein rein aktuell finanzpolitischer (Notlage besonders infolge von Kriegskosten), teils ein finanztechnischer (Sicherung einer festen, haushaltsmäßig verwendbaren Geldeinnahme), bei Verpfändung und Verkauf durchweg der erstgenannte, im Kirchenstaat auch: Schaffung von Nepoten-Renten. Die Appropriation durch Verpfändung hat noch im 18. Jahrhundert bei der Stellung der Juristen (Parlamente) in Frankreich eine erhebliche Rolle gespielt, die Appropriation durch (regulierten) Kauf von Offizierstellen im englischen Heer noch bis in das 19. Jahrhundert. Dem Mittelalter war das Privileg, als Sanktion von Usurpation oder als Lohn oder Werbemittel für politische Dienste, im Okzident ebenso wie anderwärts geläufig.

§ 8. Der patrimoniale Diener kann seinen Unterhalt beziehen

a) durch Versorgung am Tisch des Herrn, –

b) durch (vorwiegend Natural-)Deputate aus Güter- und Geld-Vorräten des Herrn, –

c) durch Dienstland, –

d) durch appropriierte Renten-, Gebühren- oder Steuer-Einkunftschancen, –

e) durch Lehen.

Die Unterhaltsformen b bis d sollen, wenn sie in einem nach Umfang (b und c) oder Sprengel (d) traditionalen

Ausmaß stets neu vergeben und individuell, aber nicht erblich appropriiert sind, »*Pfründen*« heißen, die Existenz einer Ausstattung des Verwaltungsstabes *prinzipiell* in dieser Form: *Präbendalismus*. Dabei *kann* ein Aufrücken nach Alter oder bestimmten objektiv bemeßbaren Leistungen bestehen und es *kann* die ständische Qualifikation und also: Standes*ehre* gefordert werden (s. über den Begriff des »Standes« Kap. IV).

Lehen sollen appropriierte Herrengewalten heißen, wenn sie kraft Kontrakts an individuell Qualifizierte *primär* vergeben werden und die gegenseitigen Rechte und Pflichten *primär* an konventionalen *ständischen*, und zwar: *militaristischen Ehrbegriffen* orientiert werden. Das Bestehen eines *primär* mit Lehen ausgestatteten Verwaltungsstabes soll *Lehens*feudalismus heißen.

Lehen und *Militär*-Pfründe gehen oft bis zur Ununterscheidbarkeit ineinander über. (Darüber die Erörterung des »Standes« Kap. IV.)

In den Fällen d und e, zuweilen auch im Fall c, bestreitet der appropriierte [appropriierende] Inhaber der Herrengewalten die Kosten der Verwaltung, eventuell: Equipierung, in der schon angegebenen Art, aus den Mitteln der Pfründe bzw. des Lehens. Seine eigne Herrschaftsbeziehung zu den Untertanen kann dann patrimonialen Charakter annehmen (also: vererblich, veräußerlich, erbteilbar werden).

1. Die Versorgung am Tisch des Herrn oder nach dessen freiem Ermessen aus seinen Vorräten war sowohl bei fürstlichen Dienern wie Hausbeamten, Priestern und allen Arten von patrimonialen (z. B. grundherrlichen) Bediensteten das Primäre. Das »Männerhaus«, die älteste Form der militärischen Berufsorganisation (wovon später gesondert zu reden sein wird) hatte sehr oft den Charakter des herr-

schaftlichen Konsumhaushalts-Kommunismus. Abschichtung vom Herren- (oder: Tempel- und Kathedral-)Tisch und Ersatz dieser unmittelbaren Versorgung durch Deputate oder Dienstland ist keineswegs stets als erstrebenswert angesehen worden, war aber bei eigener Familiengründung die Regel. Naturaldeputate der abgeschichteten Tempelpriester und Beamten waren im ganzen vorderasiatischen Orient die ursprüngliche Form der Beamtenversorgung und bestanden ebenso in China, Indien und vielfach im Okzident. Dienstland findet sich gegen Leistung von Militärdiensten im ganzen Orient seit der frühen Antike, ebenso im deutschen Mittelalter als Versorgung der ministerialen und hofrechtlichen Haus- und anderen Beamten. Die Einkünfte der türkischen Sipahi ebenso wie der japanischen Samurai und zahlreicher ähnlicher orientalischer Ministerialen und Ritter sind – in unserer Terminologie – »Pfründen«, nicht Lehen, wie später zu erörtern sein wird. Sie können sowohl auf bestimmte Landrenten, wie auf Steuereinkünfte von Bezirken angewiesen sein. Im letzteren Fall sind sie nicht notwendig, wohl aber der allgemeinen Tendenz nach, mit Appropriation von Herrengewalten in diesen Bezirken verbunden oder ziehen diese nach sich. Der Begriff des »Lehens« kann erst im Zusammenhang mit dem Begriff des »Staats« näher erörtert werden. Sein Gegenstand kann sowohl grundherrliches Land (also eine Patrimonialherrschaft), wie die verschiedensten Arten von Renten- und Gebühren-Chancen sein.

2. Appropriierte Renten-, Gebühren- und Steuer-Einkunftschancen finden sich als Pfründen und Lehen aller Art weit verbreitet, als selbständige Form und in hoch entwickelter Weise besonders in Indien: Vergebung von Einkünften gegen Gestellung von Heereskontingenten und Zahlung der Verwaltungskosten.

§ 9. Die patrimoniale und insbesondre die ständisch-patrimoniale Herrschaft behandelt, im Fall des reinen Typus, alle Herrengewalten und ökonomischen Herrenrechte nach Art privater appropriierter ökonomischer Chancen. Das schließt nicht aus, daß sie sie qualitativ unterscheidet.

Insbesondere indem sie einzelne von ihnen als präeminent in besonders regulierter Form appropriiert. Namentlich aber, indem sie die Appropriation von gerichts- oder militärherrlichen Gewalten als Rechtsgrund *ständisch* bevorzugter Stellung des Appropriierten gegenüber der Appropriation rein ökonomischer (domanialer oder steuerlicher oder Sportel-) Chancen behandelt und innerhalb der letzteren wieder die primär patrimonialen von den primär extrapatrimonialen (fiskalischen) in der Art der Appropriation scheidet. Für unsere Terminologie soll die Tatsache der prinzipiellen Behandlung von Herrenrechten und der mit ihnen verknüpften Chancen jeden Inhalts *nach* Art privater Chancen maßgebend sein.

Durchaus mit Recht betont z. B. v. *Below* (»Der deutsche Staat des Mittelalters«) scharf, daß namentlich die Appropriation der Gerichtsherrlichkeit gesondert behandelt wurde und Quelle ständischer Sonderstellungen war, daß überhaupt ein *rein* patrimonialer oder *rein* feudaler Charakter des mittelalterlichen politischen Verbandes sich nicht feststellen lasse. Indessen: *soweit* die Gerichtsherrlichkeit und andere Rechte rein politischen Ursprungs nach Art privater Berechtigungen behandelt wurden, scheint es für unsre Zwecke terminologisch richtig, von »patrimonialer« Herrschaft zu sprechen. Der Begriff selbst stammt bekanntlich (in konsequenter Fassung) aus *Haller's* »Restauration der Staatswissenschaften«. Einen absolut idealtypisch *reinen* »Patrimonial«staat hat es historisch nicht gegeben.

4. *Ständische Gewaltenteilung* soll der Zustand heißen, bei dem *Verbände* von ständisch, durch appropriierte Herrengewalten Privilegierten durch *Kompromiß* mit dem Herrn von Fall zu Fall politische oder Ver-

waltungssatzungen (oder: beides) oder konkrete Verwaltungsanordnungen oder Verwaltungskontrollmaßregeln schaffen und eventuell selbst, zuweilen durch eigne Verwaltungsstäbe mit, unter Umständen, eignen Befehlsgewalten, ausüben.

1. Daß auch *nicht* ständisch privilegierte Schichten (Bauern) unter Umständen zugezogen werden, soll am Begriff nichts ändern. Denn das Eigenrecht der Privilegierten ist das typisch Entscheidende. Das Fehlen aller ständisch privilegierten Schichten würde ja offensichtlich sofort einen anderen Typus ergeben.

2. Der Typus ist voll *nur* im Okzident entwickelt. Über seine nähere Eigenart und den Grund seiner Entstehung dort ist später gesondert zu sprechen.

3. Eigner ständischer Verwaltungsstab war nicht die Regel, vollends mit eigner Befehlsgewalt die Ausnahme.

§ 9a. Auf die Art des *Wirtschaftens* wirkt eine traditionale Herrschaft in aller Regel zunächst und ganz allgemein durch eine gewisse Stärkung der traditionalen Gesinnung, am stärksten die gerontokratische und rein patriarchale Herrschaft, welche ganz und gar auf die durch keinen im Gegensatz zu den Genossen des Verbandes stehenden Sonderstab des Herrn gestützt, also in ihrer eigenen Legitimitätsgeltung am stärksten auf Wahrung der Tradition in jeder Hinsicht hingewiesen sind.

Im übrigen richtet sich die Wirkung auf die Wirtschaft

1. nach der typischen Finanzierungsart des Herrschaftsverbandes (Kap. II, § 38).

Patrimonialismus kann in dieser Hinsicht höchst Verschiedenes bedeuten. Typisch aber ist namentlich:

a) Oikos des Herrn mit ganz oder vorwiegend natural-leiturgischer Bedarfsdeckung (Naturalabgaben und Fronden). In diesem Fall sind die Wirtschaftsbeziehungen streng traditionsgebunden, die Marktentwicklung gehemmt, der Geldgebrauch ein wesentlich naturaler und Konsum-orientierter, Entstehung von Kapitalismus unmöglich. In diesen Wirkungen steht diesem Fall nahe der ihm verwandte:

b) mit ständisch privilegierender Bedarfsdeckung. Die Marktentwicklung ist auch hier, wenn auch nicht notwendig in gleichem Maße, begrenzt durch die die »Kaufkraft« beeinträchtigende naturale Inanspruchnahme des Güterbesitzes und der Leistungsfähigkeit der Einzelwirtschaften für Zwecke des Herrschaftsverbandes.

Oder der Patrimonialismus kann sein:

c) monopolistisch mit teils erwerbswirtschaftlicher, teils gebührenmäßiger, teils steuerlicher Bedarfsdeckung. In diesem Fall ist die Marktentwicklung je nach der Art der Monopole stärker oder schwächer irrational eingeschränkt, die großen Erwerbschancen [sind] in der Hand des Herrn und seines Verwaltungsstabes, der Kapitalismus ist in seiner Entwicklung daher entweder

α. bei voller Eigenregie der Verwaltung unmittelbar gehemmt oder aber

β. im Fall[, daß] Steuerpacht, Amtspacht oder -Kauf und kapitalistische Heeres- oder Verwaltungs-Beschaffung als Finanzmaßregeln bestehen, auf das Gebiet des politisch orientierten Kapitalismus (Kap. II, § 31) abgelenkt.

Die Finanzwirtschaft des Patrimonialismus, und vollends des Sultanismus, wirkt, auch wo sie geldwirtschaftlich ist, irrational:

1. durch das Nebeneinander von

α. Traditionsgebundenheit in Maß und Art der Inanspruchnahme direkter Steuerquellen, und

β. völliger Freiheit, und daher: Willkür in Maß und Art der 1. Gebühren- und 2. Auflagenbemessung und 3. Gestaltung der Monopole. All dies besteht jedenfalls dem Anspruch nach; effektiv ist es historisch am meisten bei 1 (dem Prinzip der »bittweisen Tätigkeit« des Herrn und des Stabes gemäß), weit weniger bei 2, verschieden stark bei 3.

2. Es fehlt aber überhaupt für die Rationalisierung der Wirtschaft die sichere Kalkulierbarkeit der Belastung nicht nur, sondern auch des Maßes privater Erwerbsfreiheit.

3. Im Einzelfall kann allerdings der patrimoniale Fiskalismus durch planvolle Pflege der Steuerfähigkeit und rationale Monopolschaffung rationalisierend wirken. Doch ist dies ein durch historische Sonderbedingungen, die teilweise im Okzident bestanden, bedingter »Zufall«.

Die Finanzpolitik bei ständischer Gewaltenteilung hat die typische Eigenschaft: durch Kompromiß fixierte, also: kalkulierbare Lasten aufzuerlegen, die Willkürlichkeit des Herrn in der Schaffung von Auflagen, vor allem aber auch von Monopolen, zu beseitigen oder mindestens stark zu beschränken. Inwieweit die materiale Finanzpolitik dabei die rationale Wirtschaft fördert oder hemmt, hängt von der Art der in der Machtstellung vorwaltenden Schicht ab, vor allem: ob

a) feudale, oder

b) patrizische.

Das Vorwalten der ersteren pflegt kraft der normalerweise überwiegend patrimonialen Struktur der verlehnten Herrschaftsrechte die Erwerbsfreiheit und Marktentwicklung fest zu begrenzen oder geradezu absichtsvoll, machtpolitisch, zu unterbinden, das Vorwalten der letzteren kann entgegengesetzt wirken.

1. Das Gesagte muß hier genügen, da darauf in den verschiedensten Zusammenhängen eingehender zurückgekommen wird.

2. Beispiele:

Für a) (Oikos): Altägypten und Indien.

Für b) erhebliche Gebiete des Hellenismus, das spätrömische Reich, China, Indien, teilweise Rußland und die islamischen Staaten.

Für c) das Ptolemäerreich, Byzanz (teilweise), in anderer Art die Herrschaft der Stuarts.

Für d) die okzidentalen Patrimonialstaaten in der Zeit des »aufgeklärten Despotismus« (insbesondere des Colbertismus).

2. Der normale Patrimonialismus bereitet nicht nur durch seine Finanzpolitik der rationalen Wirtschaft Hemmungen, sondern vor allem durch die allgemeine Eigenart seiner Verwaltung. Nämlich:

a) durch die Schwierigkeit, die der Traditionalismus *formal* rationalen und in ihrer Dauer verläßlichen, daher in ihrer wirtschaftlichen Tragweite und Ausnutzbarkeit kalkulierbaren *Satzungen* bereitet, –

b) durch das *typische* Fehlen des *formal* fachgeschulten Beamtenstabs;

Die Entstehung eines solchen *innerhalb* des okzidentalen Patrimonialismus ist, wie sich zeigen wird, durch einzigartige Bedingungen herbeigeführt, die nur hier bestanden, und war *primär* gänzlich *anderen* Quellen entwachsen.

c) durch den weiten Bereich materialer Willkür und rein persönlicher Beliebungen des Herrn und des Verwaltungsstabes, – wobei die eventuelle Bestechlichkeit, die ja lediglich die Entartung des unreglementierten Gebühren-Rechts ist, noch die relativ geringste, weil praktisch kalkulierbare, Bedeutung hätte, *wenn* sie eine konstante Größe und nicht vielmehr einen mit der Person des Beamten stets wechselnden Faktor darstellen würde. Herrscht Amtspacht, so ist der Beamte auf die Herauswirtschaftung seines Anlagekapitals durch beliebige, noch so irrational wirkende, Mittel der Erpressung ganz unmittelbar angewiesen;

d) durch die allem Patriarchalismus und Patrimonialismus innewohnende, aus der Art der Legitimitätsgeltung und dem Interesse an der Zufriedenheit der Beherrschten folgende Tendenz zur *material* – an utilitarischen oder sozialethischen oder materialen »Kultur«-Idealen – orientierten Regulierung der Wirtschaft, also: Durchbrechung ihrer *formalen*, an Juristenrecht orientierten, Rationalität. Im Höchstmaß ist diese Wirkung bei hierokratisch orientiertem Patrimonialismus entscheidend, während der reine Sultanismus mehr durch seine fiskalische Willkür wirkt.

Aus allen diesen Gründen ist unter der Herrschaft normaler patrimonialer Gewalten zwar

a) Händler-Kapitalismus, –

b) Steuerpacht-, Amtspacht-, Amtskauf-Kapitalismus, –

c) Staatslieferanten- und Kriegsfinanzierungs-Kapitalismus, –

d) unter Umständen: Plantagen- und Kolonial-Kapitalismus

bodenständig und oft in üppigster Blüte, dagegen *nicht* die gegen Irrationalitäten der Rechtspflege, Verwaltung und Besteuerung, welche die *Kalkulierbarkeit* stören, höchstempfindliche, an Marktlagen der privaten Konsumenten orientierte Erwerbsunternehmung mit *stehendem Kapital* und rationaler *Organisation freier Arbeit*.

Grundsätzlich anders steht es *nur* da, wo der Patrimonialherr im eignen Macht- und Finanzinteresse zu *rationaler* Verwaltung mit *Fach*beamtentum greift. Dazu ist 1. die *Existenz* von Fach*schulung*, – 2. ein hinlänglich starkes Motiv[,] in aller Regel: scharfe *Konkurrenz mehrerer patrimonialer Teilgewalten* innerhalb des gleichen *Kultur*kreises, – 3. ein sehr besondersartiges Moment: die Einbeziehung *städtischer* Gemeindeverbände als Stütze der *Finanz*macht in die konkurrierenden Patrimonialgewalten erforderlich.

1. Der moderne, spezifisch okzidentale Kapitalismus, ist vorbereitet worden in den (relativ) rational verwalteten spezifisch okzidentalen *städtischen* Verbänden (von deren Eigenart später gesondert zu reden sein wird); er entwickelte sich vom 16.–18. Jahrhundert innerhalb der *ständischen* holländischen und englischen, durch Vorwalten der bürgerlichen Macht und Erwerbsinteressen ausgezeichneten politischen Verbände primär, während die fiskalisch und utilitarisch bedingten sekundären Nachahmungen in den rein patrimonialen oder feudal-ständisch beeinflußten Staaten des Kontinents ganz ebenso wie die Stuartschen Monopolindustrien *nicht* in realer Kontinuität mit der später einsetzenden autonomen kapitalistischen Entwicklung standen, obwohl einzelne (agrar- und gewerbepolitische) Maßregeln, soweit und dadurch[,] daß sie an englischen, holländischen oder, später, französischen Vorbildern orientiert waren, sehr wichtige Entwicklungsbedingungen für sein Entstehen schufen (auch darüber gesondert).

2. Die Patrimonialstaaten des Mittelalters unterschieden sich durch die *formal* rationale Art eines Teils ihres Verwaltungsstabes (vor allem: Juristen, weltliche und kanonische) prinzipiell von allen

andern Verwaltungsstäben aller politischen Verbände der Erde. Auf die Quelle dieser Entwicklung und ihre Bedeutung wird näher gesondert einzugehen sein. Hier mußten die am Schluß des Textes gemachten allgemeinen Bemerkungen vorläufig genügen.

4. Charismatische Herrschaft.

§ 10. »*Charisma*« soll eine als außeralltäglich (ursprünglich, sowohl bei Propheten wie bei therapeutischen wie bei Rechts-Weisen wie bei Jagdführern wie bei Kriegshelden: als magisch bedingt) geltende Qualität einer Persönlichkeit heißen, um derentwillen sie als mit übernatürlichen oder übermenschlichen oder mindestens spezifisch außeralltäglichen, nicht jedem andern zugänglichen Kräften oder Eigenschaften [begabt] oder als gottgesendet oder als vorbildlich und deshalb als »*Führer*« gewertet wird. Wie die betreffende Qualität von irgendeinem ethischen, ästhetischen oder sonstigen Standpunkt aus »objektiv« richtig zu bewerten sein *würde*, ist natürlich dabei begrifflich völlig gleichgültig: darauf allein, wie sie tatsächlich von den charismatisch Beherrschten, den »*Anhängern*«, bewertet *wird*, kommt es an.

Das Charisma eines »Berserkers« (dessen manische Anfälle man, anscheinend mit Unrecht, der Benutzung bestimmter Gifte zugeschrieben hat: man hielt sich in Byzanz im Mittelalter eine Anzahl dieser mit dem Charisma der Kriegs-Tobsucht Begabten als eine Art von Kriegswerkzeugen), eines »Schamanen« (Magiers, für dessen Ekstasen im reinen Typus die Möglichkeit epileptoider Anfälle als eine Vorbedingung gilt), oder etwa des (vielleicht, aber nicht ganz sicher, wirklich einen raffinierten Schwindlertyp darstellenden) Mormonenstifters, oder eines den eigenen demagogischen Erfolgen preisgegebenen Literaten wie Kurt Eisner werden von der wertfreien Soziologie mit dem Charisma der nach der üblichen Wertung »größten« Helden, Propheten, Heilande durchaus gleichartig behandelt.

1. Über die Geltung des Charisma entscheidet die durch *Bewährung* – ursprünglich stets: durch Wunder – gesicherte freie, aus Hingabe an Offenbarung, Heldenverehrung, Vertrauen zum Führer geborene, *Anerkennung* durch die Beherrschten. Aber diese ist (bei genuinem Charisma) nicht der Legitimitäts*grund*, sondern sie ist *Pflicht* der kraft Berufung und Bewährung zur Anerkennung dieser Qualität Aufgerufenen. Diese »Anerkennung« ist psychologisch eine aus Begeisterung oder Not und Hoffnung geborene gläubige[,] ganz persönliche Hingabe.

Kein Prophet hat seine Qualität als abhängig von der Meinung der Menge über ihn angesehen, kein gekorener König oder charismatischer Herzog die Widerstrebenden oder abseits Bleibenden anders denn als Pflichtwidrige behandelt: die Nicht-Teilnahme an dem formal voluntaristisch rekrutierten Kriegszug eines Führers wurde in aller Welt mit Spott entgolten.

2. Bleibt die Bewährung dauernd aus, zeigt sich der charismatische Begnadete von seinem Gott oder seiner magischen oder Heldenkraft verlassen, bleibt ihm der Erfolg dauernd versagt, vor allem: *bringt seine Führung kein Wohlergehen für die Beherrschten*, so hat seine charismatische Autorität die Chance, zu schwinden. Dies ist der genuine charismatische Sinn des »Gottesgnadentums«.

Selbst für altgermanische Könige kommt ein »Verschmäher« vor. Ebenso massenhaft bei sog. primitiven Völkern. Für China war die (erbcharismatisch unmodifizierte[,] s. § 11) charismatische Qualifikation des Monarchen so absolut festgehalten worden, daß jegliches, gleichviel wie geartete, Mißgeschick: nicht nur Kriegsunglück, sondern ebenso: Dürre, Überschwemmungen, unheilvolle astronomische Vorgänge usw. ihn zu öffentlicher Buße, eventuell zur Abdankung zwangen. Er hatte dann das Charisma der vom Himmelsgeist verlangten (klassisch determinierten) »Tugend« nicht und war also nicht legitimer »Sohn des Himmels«.

3. Der Herrschaftsverband *Gemeinde*: ist eine emotionale Vergemeinschaftung. Der *Verwaltungsstab* des charismatischen Herrn ist kein »Beamtentum«, am wenigsten ein fachmäßig eingeschultes. Er ist weder nach ständischen noch nach Gesichtspunkten der Haus- oder persönlichen Abhängigkeit ausgelesen. Sondern er ist seinerseits nach charismatischen Qualitäten ausgelesen: dem »Propheten« entsprechen die »Jünger«, dem »Kriegsfürsten« die »Gefolgschaft«, dem »Führer« überhaupt: »Vertrauensmänner«. Es gibt keine »Anstellung« oder »Absetzung«, keine »Laufbahn« und kein »Aufrücken«. Sondern nur Berufung nach Eingebung des Führers auf Grund der charismatischen Qualifikation des Berufenen. Es gibt keine »Hierarchie«, sondern nur Eingreifen des Führers bei genereller oder im Einzelfall sich ergebender charismatischer Unzulänglichkeit des Verwaltungsstabes für eine Aufgabe, eventuell auf Anrufen. Es gibt keine »Amtssprengel« und »Kompetenzen«, aber auch keine Appropriation von Amtsgewalten durch »Privileg«. Sondern nur (möglicherweise) örtliche oder sachliche Grenzen des Charisma und der »Sendung«. Es gibt keinen »Gehalt« und keine »Pfründe«.

Sondern die Jünger oder Gefolgen leben (primär) mit dem Herrn in Liebes- bzw. Kameradschaftskommunismus aus den mäzenatisch beschafften Mitteln. Es gibt keine feststehenden »Behörden«, sondern nur charismatisch, im Umfang des Auftrags des Herrn und: des eigenen Charisma, beauftragte Sendboten. Es gibt kein Reglement, keine abstrakten Rechtssätze, keine an ihnen orientierte rationale Rechtsfindung, keine an traditionalen Präzedenzien orientierten Weistümer und Rechtssprüche. Sondern formal sind aktuelle Rechts*schöpfungen* von Fall zu Fall, ursprünglich [sind] nur Gottesurteile und Offenbarungen maßgebend. Material aber gilt für alle genuin charismatische Herrschaft der Satz: »es steht geschrieben, – ich aber sage euch«; der genuine Prophet sowohl wie der genuine Kriegsfürst wie jeder genuine Führer überhaupt verkündet, schafft, fordert *neue* Gebote, – im ursprünglichen Sinn des Charisma: kraft Offenbarung, Orakel, Eingebung oder: kraft konkretem Gestaltungswillen, der von der Glaubens-, Wehr-, Partei- oder anderer Gemeinschaft um seiner Herkunft willen anerkannt wird. Die Anerkennung ist pflichtmäßig. Sofern der Weisung eine konkurrierende Weisung eines andern mit dem Anspruch auf charismatische Geltung entgegentritt, liegt ein letztlich nur durch magische Mittel oder (*pflichtmäßige*) Anerkennung der Gemeinschaft entscheidbarer Führerkampf vor, bei dem notwendig auf der einen Seite nur Recht, auf der andren nur sühnepflichtiges Unrecht im Spiel sein kann.

Die charismatische Herrschaft ist, als das *Außer*alltägliche, sowohl der rationalen, insbesondere der bureaukratischen, als der traditionalen, insbesondre der patriarchalen und patrimonialen oder ständischen, schroff entgegengesetzt. Beide sind spezifische Alltags-Formen der Herrschaft, – die (genuin) charismatische ist spezifisch das Gegenteil. Die bureaukratische Herrschaft ist spezifisch rational im Sinn der Bindung an diskursiv analysierbare Regeln, die charismatische spezifisch irrational im Sinn der Regelfremdheit. Die traditionale Herrschaft ist gebunden an die Präzedenzien der Vergangenheit und insoweit ebenfalls regelhaft orientiert, die charismatische stürzt (innerhalb ihres Bereichs) die Vergangenheit um und ist in diesem Sinn spezifisch revolutionär. Sie kennt keine Appropriation der Herrengewalt nach Art eines Güterbesitzes, weder an den Herrn noch an ständische Gewalten. Sondern legitim ist sie nur soweit und solange, als das persönliche Charisma kraft Bewährung »gilt«, das heißt: Anerkennung findet[,] und »brauchbar« [ist für] Vertrauensmänner, Jünger, Gefolge, nur auf die Dauer seiner charismatischen Bewährtheit.

Das Gesagte dürfte kaum eine Erläuterung benötigen. Es gilt für den rein »plebiszitären« charismatischen Herrscher (Napoleons »Herrschaft des Genies«, welche Plebejer zu Königen und Generälen machte) ganz ebenso wie für den Propheten oder Kriegshelden.

4. Reines Charisma ist spezifisch wirtschaftsfremd. Es konstituiert, wo es auftritt, einen »Beruf« im emphatischen Sinn des Worts: als »Sendung« oder innere »Aufgabe«. Es verschmäht und verwirft, im reinen Typus, die ökonomische Verwertung der Gnadengaben als Einkommensquelle, – was freilich oft mehr Anforderung als Tatsache bleibt. Nicht etwa[,] daß das Charisma immer auf Besitz und Erwerb verzichtete, wie das unter Umständen (s. gleich) Propheten und ihre Jünger tun. Der Kriegsheld

und seine Gefolgschaft *suchen* Beute, der plebiszitäre Herrscher oder charismatische Parteiführer materielle Mittel ihrer Macht, der erstere außerdem: materiellen Glanz seiner Herrschaft zur Festigung seines Herrenprestiges. Was sie alle verschmähen – solange der genuin charismatische Typus besteht – ist: die traditionale oder rationale *Alltags*wirtschaft, die Erzielung von regulären »Einnahmen« durch eine darauf gerichtete kontinuierliche wirtschaftliche Tätigkeit. Mäzenatische – großmäzenatische (Schenkung, Stiftung, Bestechung, Großtrinkgelder) – oder: bettelmäßige Versorgung auf der einen, Beute, gewaltsame oder (formal) friedliche Erpressung auf der andren Seite sind die typischen Formen der charismatischen Bedarfsdeckung. Sie ist, von einer *rationalen* Wirtschaft her gesehen, eine typische Macht der »Unwirtschaftlichkeit«. Denn sie lehnt jede Verflechtung in den *Alltag* ab. Sie kann nur, in voller innerer Indifferenz, unsteten *Gelegenheits*erwerb sozusagen »mitnehmen«. »Rentnertum« als Form der Wirtschafts*enthobenheit* *kann* – für *manche* Arten – die wirtschaftliche Grundlage charismatischer Existenzen sein. Aber für die normalen charismatischen »Revolutionäre« pflegt das nicht zu gelten.

Die Ablehnung kirchlicher Ämter durch die Jesuiten ist eine rationalisierte Anwendung dieses »Jünger«-Prinzips. Daß alle Helden der Askese, Bettelorden und Glaubenskämpfer dahin gehören, ist klar. Fast alle Propheten sind mäzenatisch unterhalten worden. Der gegen das Missionarsschmarotzertum gerichtete Satz des Paulus: »wer nicht arbeitet, soll auch nicht essen«, bedeutet natürlich keinerlei Bejahung der »Wirtschaft«, sondern nur die Pflicht, gleichviel wie, »im Nebenberuf« sich den notdürftigen Unterhalt zu schaffen, weil das eigentlich charismatische Gleichnis von den »Lilien auf dem Felde«

nicht im Wortsinn, sondern nur in dem des *Nichtsorgens* für den nächsten Tag durchführbar war. – Auf der andern Seite ist es bei einer primär künstlerischen charismatischen Jüngerschaft denkbar, daß die Enthebung aus den Wirtschaftskämpfen durch Begrenzung der im eigentlichen Sinn Berufenen auf »wirtschaftlich Unabhängige« (also: Rentner) als das Normale gilt (so im Kreise Stefan Georges, wenigstens der primären Absicht nach).

5. Das Charisma ist *die* große revolutionäre Macht in traditional gebundenen Epochen. Zum Unterschied von der ebenfalls revolutionierenden Macht der »ratio«, die entweder geradezu von außen her wirkt: durch Veränderung der Lebensumstände und Lebensprobleme und dadurch mittelbar der Einstellungen zu diesen, oder aber: durch Intellektualisierung, *kann* Charisma eine Umformung von innen her sein, die, aus Not oder Begeisterung geboren, eine Wandlung der zentralen Gesinnungs- und Tatenrichtung unter völliger Neuorientierung aller Einstellungen zu allen einzelnen Lebensformen und zur »Welt« überhaupt bedeutet. In vorrationalistischen Epochen teilen Tradition und Charisma nahezu die Gesamtheit der Orientierungsrichtungen des Handelns unter sich auf.

5. Die Veralltäglichung des Charisma.

§ 11. In ihrer genuinen Form ist die charismatische Herrschaft spezifisch *außeralltäglichen* Charakters und stellt eine streng persönlich, an die Charisma-Geltung persönlicher Qualitäten und deren *Bewährung*, geknüpfte soziale Beziehung dar. Bleibt diese nun aber nicht rein ephemer, sondern nimmt sie den Charakter einer *Dauer*beziehung: – »Gemeinde« von Glaubensgenossen oder Kriegern oder Jüngern, oder: Parteiverband, oder politischer, oder hierokratischer Verband – an, so muß die charismatische Herrschaft, die sozusagen nur in statu nascendi in idealtypischer Reinheit bestand, ihren Charakter wesentlich ändern: sie wird traditionalisiert oder rationalisiert (legalisiert) oder: beides in verschiedenen Hinsichten. Die treibenden Motive dafür sind die folgenden:

a) das ideelle oder auch materielle Interesse der *Anhängerschaft* an der Fortdauer und steten Neubelebung der Gemeinschaft, –

b) das noch stärkere ideelle und noch stärkere materielle Interesse des *Verwaltungsstabes*: der Gefolgschaft, Jüngerschaft, Parteivertrauensmännerschaft usw., daran:

1. die Existenz der Beziehung fortzusetzen, – und zwar sie
2. so fortzusetzen, daß dabei die eigene Stellung ideell und materiell auf eine dauerhafte *Alltags*grundlage gestellt wird: äußerlich Herstellung der *Familien*-Existenz oder doch der *saturierten* Existenz an Stelle der weltenthobenen Familien- und wirtschaftsfremden »Sendungen«.

Diese Interessen werden typisch aktuell beim Wegfall der Person des Charisma-Trägers und der nun entstehenden *Nachfolger*frage. Die Art, wie sie gelöst wird – *wenn* sie gelöst wird und also: die charismatische Gemeinde fortbesteht (oder: *nun* erst *entsteht*) – ist sehr wesentlich bestimmend für die Gesamtnatur der nun entstehenden sozialen Beziehungen.

Sie kann folgende Arten von Lösungen erfahren.

a) Neu-*Aufsuchen* eines als Charisma-Träger zum Herrn Qualifizierten nach *Merkmalen*.

Ziemlich reiner Typus: das Aufsuchen des neuen Dalai Lama (eines nach Merkmalen der Verkörperung des Göttlichen auszulesenden Kindes, ganz der Aufsuchung des Apis-Stiers ähnlich).

Dann ist die Legitimität des neuen Charisma-Trägers an *Merkmale*, also: »Regeln«, für die eine Tradition entsteht, geknüpft (Traditionalisierung), also: der *rein* persönliche Charakter zurückgebildet.

b) Durch *Offenbarung*: Orakel, Los, Gottesurteil oder andre Techniken der Auslese. Dann ist die Legitimität des neuen Charisma-Trägers eine aus der Legitimität der *Technik* abgeleitete (Legalisierung).

Die israelitischen Schofetim hatten zuweilen angeblich diesen Charakter. Das alte Kriegsorakel bezeichnete angeblich *Saul*.

c) Durch Nachfolgerdesignation seitens des bisherigen Charisma-Trägers und Anerkennung seitens der Gemeinde.

Sehr häufige Form. Die Kreation der römischen Magistraturen (am deutlichsten erhalten in der Diktat[or]en-Kreation und in der Institution des »interrex«) hatte ursprünglich durchaus diesen Charakter.

Die Legitimität wird dann eine durch die Designation *erworbene* Legitimität.

d) Durch Nachfolgerdesignation seitens des charismatisch qualifizierten Verwaltungsstabs und Anerkennung durch die Gemeinde. Die Auffassung als »Wahl« bzw. »Vorwahl«- oder »Wahlvorschlagsrecht« muß diesem Vorgang in seiner genuinen Bedeutung durchaus ferngehalten werden. Es handelt sich nicht um freie, sondern um streng pflichtmäßig gebundene Auslese, nicht um Majoritätsabstimmungen, sondern um *richtige* Bezeichnung, Auslese des Richtigen, des wirklichen Charisma-Trägers, den auch die Minderheit zutreffend herausgefunden haben kann. Die Einstimmigkeit ist Postulat, das Einsehen des Irrtums Pflicht, das Verharren in ihm schwere Verfehlung, eine »falsche« Wahl ein zu sühnendes (ursprünglich: magisches) Unrecht.

Aber allerdings scheint die Legitimität doch leicht eine solche des unter allen Kautelen der Richtigkeit getroffenen Rechtserwerbs, meist [verbunden] mit bestimmten Formalitäten (Inthronisation usw.).

Dies der ursprüngliche Sinn der Bischofs- und Königs-Krönung durch Klerus oder Fürsten mit Zustimmung der Gemeinde im Okzident und zahlreicher analoger Vorgänge in aller Welt. Daß daraus der Gedanke der »Wahl« *entstand*, ist später zu erörtern.

e) Durch die Vorstellung, daß das Charisma eine Qualität des *Blutes* sei und also an der Sippe, insbesondre den Nächstversippten, des Trägers hafte: *Erbcharisma*. Dabei ist die Erb*ordnung* nicht notwendig die für appropriierte Rechte, sondern oft heterogen, oder es muß mit Hilfe der Mittel unter a–d der »richtige« Erbe innerhalb der Sippe festgestellt werden.

Zweikampf von Brüdern kommt bei Negern vor. Erbordnung derart, daß die Ahnengeisterbeziehung nicht gestört wird (nächste Generation), z. B. in China. Seniorat oder Bezeichnung durch die Gefolgschaft sehr oft im Orient (daher die »Pflicht« der Ausrottung aller sonst denkbaren Anwärter im Hause Osmans).

Nur im mittelalterlichen Okzident und in Japan, sonst nur vereinzelt, ist das eindeutige Prinzip des Primogenitur*erb*rechts an der Macht durchgedrungen und hat dadurch die Konsolidierung der politischen Verbände (Vermeidung der Kämpfe mehrerer Prätendenten aus der erbcharismatischen Sippe) sehr gefördert.

Der Glaube gilt dann nicht mehr den charismatischen Qualitäten der Person, sondern dem kraft der Erbordnung legitimen Erwerb. (Traditionalisierung und Legalisierung.) Der Begriff des »Gottesgnadentums« wird in seinem Sinn völlig verändert und bedeutet nun: Herr zu eignem, *nicht* von Anerkennung der Beherrschten abhängigem, Recht. Das persönliche Charisma kann völlig fehlen.

Die Erbmonarchie, die massenhaften Erbhierokratien Asiens und das Erbcharisma der Sippen als Merkmal des Ranges und der Qualifikation zu Lehen und Pfründen (s. folgenden §) gehört dahin.

f) Durch die Vorstellung, daß das Charisma eine durch hierurgische Mittel seitens eines Trägers auf andere übertragbare oder erzeugbare (ursprünglich: magische) Qualität sei: Versachlichung des Charisma, insbesondere: *Amtscharisma*. Der Legitimitätsglaube gilt dann nicht mehr der Person, sondern den erworbenen Qualitäten und der Wirksamkeit der hierurgischen Akte.

Wichtigstes Beispiel: Das priesterliche Charisma, durch Salbung, Weihe oder Händeauflegung, das königliche, durch Salbung und Krönung übertragen oder bestätigt. Der character indelebilis bedeutet die Loslösung der amtscharismatischen Fähigkeiten von den Qualitäten der Person des Priesters. Eben deshalb gab er, vom Donatismus und Montanismus angefangen bis zur puritanischen (täuferischen) Revolution, Anlaß zu steten Kämpfen (der »Mietling« der Quäker ist der *amts*charismatische Prediger).

§ 12. Mit der Veralltäglichung des Charisma aus dem Motiv der Nachfolger-Beschaffung parallel gehen die Veralltäglichungsinteressen des *Verwaltungsstabes*. Nur in statu nascendi und solange der charismatische Herr *genuin außer*alltäglich waltet, kann der Verwaltungsstab mit diesem aus Glauben und Begeisterung anerkannten Herrn mäzenatisch oder von Beute oder Gelegenheitserträgen leben. Nur die kleine begeisterte Jünger- und Gefolgen-*Schicht* ist dazu an sich dauernd bereit, »macht« ihr Leben aus ihrem »Beruf« nur »ideell«. Die Masse der Jünger und Gefolge will ihr Leben (auf die Dauer) auch *materiell* aus dem »Beruf« machen und muß dies auch, soll sie nicht schwinden.

Daher vollzieht sich die Veralltäglichung des Charisma auch

1. in der Form der *Appropriation* von Herrengewalten und Erwerbschancen an die Gefolgschaft oder Jüngerschaft und unter *Regelung* ihrer Rekrutierung.

2. Diese Traditionalisierung oder Legalisierung (je nachdem: ob rationale Satzung oder nicht) kann verschiedene typische Formen annehmen:

1. Die genuine Rekrutierungsart ist die nach persönlichem Charisma. Die Gefolgschaft oder Jüngerschaft kann bei der Veralltäglichung nun *Normen* für die Rekrutierung aufstellen, insbesondere:

a) Erziehungs-,

b) Erprobungs-Normen.

Charisma kann nur »geweckt« und »erprobt«, nicht »erlernt« oder »eingeprägt« werden. Alle Arten magischer (Zauberer-, Helden-)Askese und alle *Noviziate* gehören in diese Kategorie der *Schließung* des Verbandes des Verwaltungsstabes (s. über die charismatische Erziehung Kap. IV). Nur der erprobte Novize wird zu den Herrengewalten zugelassen. Der *genuine* charismatische Führer kann sich diesen Ansprüchen erfolgreich widersetzen, – der Nachfolger nicht, am wenigstens der (§ 11, d) vom Verwaltungsstab gekorene.

Alle Magier- und Krieger-Askese im »Männerhaus«, mit Zöglingsweihe und Altersklassen gehört hierher. Wer die Kriegerprobe nicht besteht, bleibt »Weib«, d. h. von der Gefolgschaft ausgeschlossen.

2. Die charismatischen Normen können leicht in traditional *ständische* (erbcharismatische) umschlagen. Gilt Erbcharisma (§ 11, e) des Führers, so liegt Erbcharisma auch des Verwaltungsstabes und eventuell selbst der Anhänger als Regel der Auslese und Verwendung sehr nahe. Wo ein politischer Verband von diesem Prinzip des Erbcharisma streng und völlig erfaßt ist: alle Appropriation von Herrengewalten, Lehen, Pfründen, Erwerbschancen aller Art darnach sich vollziehen, besteht der Typus des »Geschlechterstaats«. Alle Gewalten und Chancen jeder Art werden traditionalisiert. Die Sippenhäupter (also: traditionale, persönlich nicht durch Charismen legitimierte Gerontokraten oder Patriarchen) regulieren die Ausübung, die ihrer Sippe nicht entzogen werden kann. Nicht die Art der Stellung bestimmt den »Rang« des Mannes oder seiner Sippe, sondern der erbcharismatische *Sippen*rang ist maßgebend für die Stellungen, die ihm *zukommen*.

Hauptbeispiele: Japan vor der Bureaukratisierung, zweifellos in weitem Maße auch China (die »alten Familien«) vor der Rationalisierung in den Teilstaaten, Indien in den Kastenordnungen, Rußland vor der Durchführung des Mjestnitschestwo und in anderer Form nachher, ebenso: alle fest privilegierten »Geburtsstände« (darüber Kap. IV) überall.

3. Der Verwaltungsstab kann die Schaffung und Appropriation individueller Stellungen und Erwerbschancen für seine Glieder fordern und durchsetzen. Dann entstehen, je nach Traditionalisierung oder Legalisierung:

a) Pfründen (Präbendalisierung, – siehe oben),

b) Ämter (Patrimonialisierung und Bureaukratisierung, – siehe oben),

c) Lehen (Feudalisierung [– siehe unten § 12b]),

welche nun statt der ursprünglichen rein akosmistischen Versorgung aus mäzenatischen Mitteln oder Beute appropriiert werden. Näher

zu a:

α. Bettelpfründen,

β. Naturalrentenpfründen,

γ. Geldsteuerpfründen,

δ. Sportelpfründen,

durch Regulierung der anfänglich rein mäzenatischen (α) oder rein beutemäßigen (β γ) Versorgung nach rationaler Finanzorganisation.

zu α. Buddhismus, –

zu β. chinesische und japanische Reispfründen, –

zu γ. die Regel in allen rationalisierten Erobererstaaten, –

zu δ. massenhafte Einzelbeispiele überall, insbesondere: Geistliche und Richter, aber in Indien auch Militärgewalten.

Zu b: Die »Veramtung« der charismatischen Sendungen kann mehr Patrimonialisierung oder mehr Bureaukratisierung sein. Ersteres ist durchaus die Regel, letzteres findet sich in der Antike und in der Neuzeit im Okzident, seltener und als Ausnahme anderwärts.

Zu c:

α. Landlehen mit Beibehaltung des Sendungscharakters der Stellung als solcher, –

β. volle lehenmäßige Appropriation der Herrengewalten.

Beides schwer zu trennen. Doch schwindet die Orientierung am Sendungscharakter der Stellung nicht leicht ganz, auch im Mittelalter nicht.

§ 12a. Voraussetzung der Veralltäglichung ist die Beseitigung der Wirtschaftsfremdheit des Charisma, seine Anpassung an fiskalische (Finanz-) Formen der Bedarfsdeckung und damit an steuer- und abgabefähige Wirtschaftsbedingungen. Die »Laien« der zur Präbendalisierung schreitenden Sendungen stehen dem »Klerus«, dem (mit »Anteil«, κλῆρος) beteiligten Mitglied des charismatischen, nun veralltäglichten Verwaltungsstabes (Priestern der entstehenden »Kirche«), die »Steueruntertanen« den Vasallen, Pfründnern, Beamten des entstehenden politischen Verbandes, im Rationalitätsfall: »Staats« oder etwa den statt der »Vertrauensmänner« jetzt angestellten Parteibeamten gegenüber.

Typisch bei den Buddhisten und hinduistischen Sekten zu beobachten (s. Religionssoziologie). Ebenso in allen zu Dauergebilden rationalisierten Eroberungsreichen. Ebenso bei Parteien und andern ursprünglich rein charismatischen Gebilden.

Mit der Veralltäglichung *mündet* also der charismatische Herrschafts-Verband weitgehend in die Formen der Alltagsherrschaft: patrimoniale, insbesondere: ständische, oder bureaukratische, ein. Der ursprüngliche Sondercharakter äußert sich in der erbcharismatischen oder amtscharismatischen ständischen *Ehre* der Appropriierten [Appropriierenden], des Herrn wie des Verwaltungsstabs, in der Art des Herren-*Prestiges* also. Ein Erbmonarch »von Gottes Gnaden« ist kein einfacher Patrimonialherr, Patriarch oder Schech, ein Vasall kein Ministeriale oder Beamter. Das Nähere gehört in die Lehre von den »Ständen«.

Die Veralltäglichung vollzieht sich in der Regel *nicht* kampflos. Unvergessen sind anfänglich die *persönlichen* Anforderungen an das Charisma des Herrn, und der Kampf des Amts- oder Erb- mit dem persönlichen Charisma ist ein in der Geschichte typischer Vorgang.

1. Die Umbildung der Bußgewalt (Dispensation von Todsünden) aus einer nur dem persönlichen Märtyrer und Asketen zustehenden Herrengewalt in eine *Amts*gewalt von Bischof und Priester ist im Orient *weit* langsamer erfolgt als im Okzident unter dem Einfluß des römischen »Amts«-Begriffs. Charismatische Führerrevolutionen gegen erbcharismatische oder gegen Amtsgewalten finden sich in allen Verbänden, von dem Staat bis zu den Gewerkschaften (gerade jetzt!). Je entwickelter aber die zwischen-wirtschaftlichen Abhängigkeiten der Geldwirtschaft sind, desto stärker wird der Druck der Alltagsbedürfnisse der Anhängerschaft und damit die Tendenz zur Veralltäglichung, die überall am Werk gewesen ist und, in aller Regel schnell, gesiegt hat. Charisma ist typische *Anfangs*erscheinung religiöser (prophetischer) oder politischer (Eroberungs-)

Herrschaften, weicht aber den Gewalten des Alltags, sobald die Herrschaft gesichert und, vor allem, sobald sie *Massen*charakter angenommen hat.

2. Ein treibendes Motiv für die Veralltäglichung des Charisma ist natürlich in allen Fällen das Streben nach Sicherung und das heißt: Legitimierung der sozialen Herrenpositionen und ökonomischen Chancen für die Gefolgschaft und Anhängerschaft des Herrn. Ein weiteres aber die objektive Notwendigkeit der Anpassung der Ordnungen und des Verwaltungsstabes an die normalen Alltagserfordernisse und -bedingungen einer Verwaltung. Dahin gehören insbesondre Anhaltspunkte für eine Verwaltungs- und Rechtsprechungs-Tradition, wie sie der normale Verwaltungsstab ebenso wie die Beherrschten benötigen. Ferner irgendwelche Ordnung der Stellungen für die Mitglieder der Verwaltungsstäbe. Endlich und vor allem – wovon später gesondert zu sprechen ist – die Anpassungen der Verwaltungsstäbe und aller Verwaltungsmaßregeln an die *ökonomischen* Alltagsbedingungen: Deckung der Kosten durch Beute, Kontributionen, Schenkungen, Gastlichkeit, wie im aktuellen Stadium des kriegerischen und prophetischen Charisma, sind keine möglichen Grundlagen einer Alltags-Dauerverwaltung.

3. Die Veralltäglichung wird daher nicht nur durch das Nachfolgerproblem ausgelöst und ist weit entfernt, nur dies zu betreffen. Im Gegenteil ist der Übergang von den charismatischen Verwaltungsstäben und Verwaltungsprinzipien zu den alltäglichen das Hauptproblem. Aber das Nachfolgerproblem betrifft die Veralltäglichung des charismatischen Kerns: des Herrn selbst und seiner Legitimität und zeigt im Gegensatz zu dem Problem des Übergangs zu traditionalen oder legalen Ordnungen und Verwaltungsstäben besondersartige und charakteristische, nur aus diesem Vorgang verständliche, Konzeptionen. Die wichtigsten von diesen sind die charismatische Nachfolgerdesignation und das Erbcharisma.

4. Für die Nachfolgerdesignation durch den charismatischen Herrn selbst ist das historisch wichtigste Beispiel, wie erwähnt, Rom. Für den rex wird sie durch die Überlieferung behauptet, für die Ernennung des Diktator und des Mitregenten und Nachfolgers im Prinzipat steht sie in historischer Zeit fest; die Art der Bestellung al-

ler Oberbeamten mit imperium zeigt deutlich, daß auch für sie die Nachfolgerdesignation durch den Feldherrn, nur unter Vorbehalt der Anerkennung durch das Bürgerheer, bestand. Denn die Prüfung und ursprünglich offenbar willkürliche Ausschließung der Kandidaten durch den amtierenden Magistrat ergibt die Entwicklung deutlich.

5. Für die Nachfolgerdesignation durch die charismatische Gefolgschaft sind die wichtigsten Beispiele die Bestellung der Bischöfe, insbesondere des Papstes durch – ursprünglich – Designation seitens des Klerus und Anerkennung seitens der Gemeinde und die (wie U. Stutz wahrscheinlich gemacht hat) nach dem Beispiel der Bischofsbestellung später umgebildete Kürung des deutschen Königs: Designation durch gewisse Fürsten und Anerkennung durch das (wehrhafte) »Volk«. Ähnliche Formen finden sich sehr oft.

6. Für die Entwicklung des Erbcharisma war das klassische Land Indien. Alle Berufsqualitäten und insbesondre alle Autoritätsqualifikationen und Herrenstellungen galten dort als streng erbcharismatisch gebunden. Der Anspruch auf Lehen an Herrenrechten haftete an der Zugehörigkeit zur Königssippe, die Lehen wurden beim Sippenältesten gemutet. Alle hierokratischen Amtsstellungen, einschließlich der ungemein wichtigen und einflußreichen Guru-(Directeur de l'âme-)Stellung, alle repartierten Kundschaftsbeziehungen, alle Stellungen innerhalb des Dorf-Establishment (Priester, Barbier, Wäscher, Wachmann usw.) galten als erbcharismatisch gebunden. Jede Stiftung einer Sekte bedeutete Stiftung einer Erbhierarchie. (So auch im chinesischen Taoismus.) Auch im japanischen »Geschlechterstaat« (vor dem nach chinesischem Muster eingeführten Patrimonialbeamtenstaat, der dann zur Präbendalisierung und Feudalisierung führte) war die soziale Gliederung rein erbcharismatisch (näher davon in anderem Zusammenhang).

Dies erbcharismatische Recht auf die Herrenstellungen ist ähnlich in der ganzen Welt entwickelt worden. Die Qualifikation kraft Eigenleistung wurde durch die Qualifikation kraft Abstammung ersetzt. Diese Erscheinung liegt überall der Geburtsstands-Entwicklung zugrunde, bei der römischen Nobilität ebenso wie im Begriff der »stirps regia« bei den Germanen nach Tacitus, wie bei den Turnier- und Stiftfähigkeitsregeln des späten Mittelalters, wie bei den modernen Pedigree-Studien der amerikanischen Neuaristokratie, wie überhaupt überall, wo »ständische« Differenzierung (darüber s. u.) eingelebt ist.

Beziehung zur Wirtschaft: Die Veralltäglichung des Charisma ist in sehr wesentlicher Hinsicht identisch mit Anpassung an die Bedingungen der Wirtschaft als der kontinuierlich wirkenden Alltagsmacht. Die Wirtschaft ist *dabei* führend, nicht geführt. In weitestgehendem Maße dient hierbei die erb- oder amtscharismatische Umbildung als Mittel der *Legitimierung* bestehender oder erworbener Verfügungsgewalten. Namentlich das Festhalten an Erbmonarchien ist – neben den gewiß nicht gleichgültigen Treue-Ideologien – doch sehr stark durch Erwägungen mitbedingt: daß aller ererbte und legitim erworbene Besitz erschüttert werde, wenn die innere Gebundenheit an die Erbheiligkeit des Thrones fortfalle, und ist daher nicht zufällig den besitzenden Schichten adäquater als etwa dem Proletariat.

Im übrigen läßt sich etwas ganz Allgemeines (und zugleich: sachlich Inhaltliches und Wertvolles) über die Beziehungen der verschiedenen Anpassungsmöglichkeiten zur Wirtschaft nicht wohl sagen: dies muß der besonderen Betrachtung vorbehalten bleiben. Die Präbendalisierung und Feudalisierung und die erbcharismatische Appropriation von Chancen aller Art kann in *allen* Fällen ihre stereotypierenden Wirkungen bei Entwicklung aus dem Charisma ganz ebenso üben wie bei Entwicklung aus patrimonialen und bureaukratischen Anfangszuständen und dadurch auf die Wirtschaft zurückwirken. Die regelmäßig auch wirtschaftlich gewaltig revolutionierende – zunächst oft: zerstörende, weil (möglicherweise): neu und »voraussetzungslos« orientierende – Macht des Charisma wird dann in das Gegenteil ihrer Anfangswirkung verkehrt.

Über die Ökonomik von (charismatischen) Revolutionen ist s. Z. gesondert zu reden. Sie ist überaus verschieden.

6. Feudalismus.

§ 12b. Gesondert zu sprechen ist noch von dem letzten in § 12 Nr. 3 genannten Fall (c: Lehen). Und zwar deshalb, weil daraus eine Struktur des Herrschaftsverbandes entstehen kann, welche vom Patrimonialismus ebenso wie vom genuinen oder Erb-Charismatismus *verschieden* ist und eine gewaltige geschichtliche Bedeutung gehabt hat: der *Feudalismus*. Wir wollen *Lehens-* und *Pfründen-* Feudalismus als echte Formen unterscheiden. Alle andern, »Feudalismus« *genannten*, Formen von Verleihung von Dienstland gegen Militärleistungen sind in Wirklichkeit patrimonialen (ministerialischen) Charakters und sind hier nicht gesondert zu behandeln. Denn von den verschiedenen Arten der *Pfründen* ist erst später bei der Einzeldarstellung zu reden.

AA. Lehen bedeutet stets:

aa) die Appropriation von Herrengewalten und Herrenrechten. Und zwar können als Lehen appropriiert werden

α. nur eigenhaushaltsmäßige, oder

β. verbandsmäßige, aber nur ökonomische (fiskalische), oder auch

γ. verbandsmäßige Befehlsgewalten.

Die Verlehnung erfolgt durch Verleihung gegen spezifische, normalerweise: primär *militaristische*, daneben verwaltungsmäßige Leistungen. Die Verleihung erfolgt in sehr spezifischer Art. Nämlich:

bb) primär rein *personal*, auf das Leben des Herrn und des Lehensnehmers (Vasallen). Ferner:

cc) kraft *Kontrakts*, also mit einem freien Mann, welcher (im Fall der *hier* Lehensfeudalismus genannten Beziehung)

dd) eine spezifische *ständische* (ritterliche) Lebensführung besitzt.

ee) Der Lehenkontrakt ist kein gewöhnliches »Geschäft«, sondern eine *Verbrüderung* zu (freilich) ungleichem Recht, welche beiderseitige *Treue*pflichten zur Folge hat. Treuepflichten, welche

αα) auf ständische (ritterliche) *Ehre* gegründet sind, und

ββ) fest *begrenzt* sind.

Der Übergang vom Typus »α« (oben [§ 12 Nr. 3] bei der Erörterung »Zu c«) zum Typus »β« vollzieht sich, wo

aaa) die Lehen *erblich*, nur unter Voraussetzung der Eignung und der Erneuerung des Treuegelöbnisses an jeden neuen Herrn durch jeden neuen Inhaber appropriiert werden, und außerdem

bbb) der lehensmäßige Verwaltungsstab den *Leihezwang* durchsetzt, weil alle Lehen als Versorgungsfonds der Standeszugehörigen gelten.

Das erste ist ziemlich früh im Mittelalter, das zweite im weiteren Verlauf eingetreten. Der Kampf des Herrn mit den Vasallen galt vor allem auch der (stillschweigenden) Beseitigung *dieses* Prinzips, welches ja die Schaffung bzw. Erwirkung einer eigenen patrimonialen »Hausmacht« des Herrn unmöglich machte.

BB. Lehensmäßige Verwaltung (Lehens-Feudalismus) bedeutet bei voller – in dieser absoluten Reinheit ebensowenig wie der *reine* Patrimonialismus jemals zu beobachtender – Durchführung:

aa) alle Herrengewalt reduziert sich auf die kraft der Treuegelöbnisse der Vasallen bestehenden Leistungschancen, –

bb) der politische Verband ist völlig ersetzt durch ein System rein persönlicher Treuebeziehungen zwischen dem Herrn und seinen Vasallen, diesen und ihren weiterbelehnten (subinfeudierten) Untervasallen und weiter den eventuellen Untervasallen dieser. Der Herr hat Treueansprüche nur an seine Vasallen, diese an die ihrigen usw.

cc) Nur im Fall der »Felonie« kann der Herr dem Vasallen, können diese ihren Untervasallen usw. das Lehen entziehen. Dabei ist aber der Herr gegen den treubrüchigen Vasallen auf die Hilfe der anderen Vasallen oder auf die Passivität der Untervasallen des »Treubrechers« angewiesen. Jedes von beiden ist nur zu gewärtigen, wenn die einen bzw. die andern auch ihrerseits Felonie ihres Genossen bzw. Herrn gegen seinen Herrn als vorliegend ansehen. Bei den Untervasallen des Treubrechers selbst dann nicht, es sei denn, daß der Herr wenigstens die Ausnahme *dieses* Falls: Kampf gegen den Oberherrn des eigenen Herrn, bei der Subinfeudation durchgesetzt hat (was stets erstrebt, nicht immer aber erreicht wurde).

dd) Es besteht eine ständische Lehens-Hierarchie (im Sachsenspiegel: die »Heerschilde«) je nach der Reihenfolge der Subinfeudation. Diese ist aber kein »Instanzenzug« und keine »Hierarchie«. Denn ob eine Maßregel oder ein Urteil angefochten werden kann und bei wem, richtet sich prinzipiell nach dem »Oberhof«-, nicht nach dem lehenshierarchischen System (der Oberhof kann – theoretisch – einem Genossen des Inhabers der Gerichtsgewalt verlehnt sein, wenn dies auch faktisch nicht der Fall zu sein pflegt).

ee) Die *nicht* als Lehensträger von patrimonialen oder verbandsmäßigen Herrengewalten in der Lehenshierarchie Stehenden sind: »Hintersassen«, d. h. patrimonial *Unterworfene*. Sie sind den Belehnten soweit unterworfen, als ihre traditionale, insbesondere: ständische, Lage bedingt oder zuläßt, oder als die Gewalt der militaristischen Lehensinhaber es zu erzwingen weiß, gegen die sie weitgehend wehrlos sind. Es gilt, wie gegen den Herrn (Leihezwang), so gegen die Nicht-Lehensträger, der Satz: nulle Legre sans seigneur. – Der einzige Rest der alten *unmittelbaren* verbandsmäßigen Herrengewalt ist der fast stets bestehende Grundsatz: daß dem Lehensherrn die Herren-, vor allem: die Gerichtsgewalten, zustehen da, *wo er gerade weilt*.

ff) Eigenhaushaltsmäßige Gewalten (Verfügungsgewalt über Domänen, Sklaven, Hörige), verbandsmäßige fiskalische Rechte (Steuer- und Abgabenrechte) und verbandsmäßige Befehlsgewalten (Gerichts- und Heerbanngewalt, also: Gewalten über »Freie«) werden zwar beide [alle drei] gleichartig Gegenstand der Verlehnung.

Regelmäßig aber werden die verbandsmäßigen *Befehlsgewalten* Sonderordnungen unterworfen.

In Altchina wurden reine Rentenlehen und Gebietslehen auch im Namen geschieden. Im okzidentalen Mittelalter nicht, wohl aber in der ständischen Qualität und zahlreichen, hier nicht behandelten Einzelpunkten.

Es pflegt sich für die verbandsmäßigen *Befehlsgewalten* die volle Appropriation nach Art derjenigen verlehnter Vermögensrechte nur mit mannigfachen – später gesondert zu besprechenden – Übergängen und Rückständen durchzusetzen. Was regelmäßig *bleibt*, ist: der *ständische* Unterschied des nur mit haushaltsmäßigen oder *rein* fiskalischen Rechten und des mit verbandsmäßigen Befehlsgewalten: Gerichtsherrlichkeit (Blutbann vor allem) und Militärherrlichkeit (Fahnlehen insbesondere) Beliehenen (*politische Vasallen*).

Die Herrengewalt ist bei annähernd reinem Lehensfeudalismus selbstverständlich, weil auf das Gehorchen *wollen* und dafür auf die reine persönliche Treue des, im *Besitz der Verwaltungsmittel* befindlichen, lehensmäßig appropriierten Verwaltungsstabs angewiesen, hochgradig prekär. Daher ist der latente Kampf des Herrn mit den Vasallen um die Herrengewalt dabei chronisch, die wirklich idealtypische lehensmäßige Verwaltung (gemäß aa–ff) *nirgends* durchgesetzt worden oder eine effektive Dauerbeziehung geblieben. Sondern wo der Herr konnte, hat er die nachfolgenden Maßregeln ergriffen:

gg) Der Herr sucht, gegenüber dem rein personalen Treueprinzip (cc und dd) durchzusetzen entweder:

αα) Beschränkung oder Verbot der Subinfeudation;

Im Okzident häufig verfügt, aber oft gerade vom *Verwaltungsstab*, im eigenen Machtinteresse [behindert] (dies in China in dem Fürstenkartell von 630 v. Chr.).

ββ) die Nichtgeltung der Treuepflicht der Untervasallen gegen ihren Herrn im Fall des Krieges gegen ihn, den Oberlehensherrn; – wenn möglich aber:

γγ) die unmittelbare Treuepflicht auch der Untervasallen gegen ihn, den Oberlehensherrn.

bb) Der Herr sucht sein Recht zur *Kontrolle* der Verwaltung der verbandsmäßigen Herrengewalten zu sichern durch:

αα) Beschwerderecht der Hintersassen bei ihm, dem Oberlehensherrn und Anrufung seiner Gerichte;

ββ) Aufsichtsbeamte am Hofe der *politischen* Vasallen;

γγ) eigenes Steuerrecht gegen die Untertanen aller Vasallen;

δδ) Ernennung gewisser Beamter der *politischen* Vasallen;

εε) Festhaltung des Grundsatzes:

aaa) daß alle Herrengewalten ihm, dem Oberlehensherrn, ledig werden bei Anwesenheit, darüber hinaus aber Aufstellung des anderen,

bbb) daß er, als Lehensherr, jede Angelegenheit nach Ermessen vor *sein* Gericht ziehen könne.

Diese Gewalt kann der Herr gegenüber den Vasallen (wie gegen andere Appropriierte [Appropriierende] von Herrengewalten) nur dann gewinnen oder behaupten, wenn:

ii) der Herr einen eigenen *Verwaltungsstab* sich schafft oder wieder schafft oder ihn entsprechend ausgestaltet. Dieser kann sein:

αα) ein patrimonialer (ministerialistischer),

So vielfach bei uns im Mittelalter, in Japan im Bakufu des Schapun [Shôgun], welches die Daimyo's sehr empfindlich kontrollierte.

ββ) ein extrapatrimonialer, *ständisch* literatenmäßiger,

Kleriker (christliche, brahmanische) und Kayasth's (buddhistische, lamaistische, islamische) oder Humanisten (in China: konfuzianische Literaten). Über die Eigenart und die gewaltigen Kulturwirkungen s. Kap. IV.

γγ) ein *fach*mäßig, insbesondere: juristisch und militaristisch geschulter.

In China vergeblich durch Wang An-Schi im 11. Jahrhundert vorgeschlagen (aber damals nicht mehr gegen die Feudalen, sondern gegen die Literaten). Im Okzident für die Zivilverwaltung die Universitätsschulung in Kirche (durch das kanonische Recht) und Staat (durch das Römische Recht, in England: [durch] das durch römische Denk*formen* rationalisierte Common Law) durchgesetzt: Keime des modernen okzidentalen Staats. Für die Heeresverwaltung im Okzident: durch Expropriation der als Vorstufe dafür an Stelle des Lehensherrn getretenen *kapitalistischen* Heeresunternehmer (Kondottieren) durch die Fürstengewalt mittelst der fürstlichen *rationalen* Finanzverwaltung seit dem 17. Jahrhundert (in England und Frankreich früher) durchgesetzt.

Dieses Ringen des Herrn mit dem lehensmäßigen Verwaltungsstab – welches im Okzident (nicht: in Japan) vielfach zusammenfällt, ja teilweise identisch ist mit seinem Ringen gegen die Macht der *Stände-Korporationen* – hat in *moderner* Zeit *überall*, zuerst im Okzident, mit dem Siege des Herrn, und das hieß: der *bureaukratischen Verwaltung*, geendet, zuerst im Okzident, dann in Japan, in Indien (und vielleicht: in China) zunächst in der Form der Fremdherrschaft. Dafür waren neben rein historisch gegebenen Machtkonstellationen im Okzident ökonomische Bedingungen, vor allem: die Entstehung des *Bürgertums* auf der Grundlage der (*nur* dort im okzidentalen Sinne entwickelten) *Städte* und dann die Konkurrenz der Einzelstaaten um Macht *durch rationale* (das hieß: bureaukratische) *Verwaltung* und fiskalisch bedingtes Bündnis mit den kapitalistischen Interessenten entscheidend, wie später darzulegen ist.

§ 12c. Nicht jeder »Feudalismus« ist *Lehens*-Feudalismus im okzidentalen Sinn. Sondern daneben steht vor allem

A. der fiskalisch bedingte *Pfründen*-Feudalismus.

Typisch im islamischen Vorderasien und Indien der Mogul-Herrschaft. Dagegen war der *alt*chinesische, vor Schi Hoang Ti bestehende, Feudalismus wenigstens teilweise Lehensfeudalismus, neben dem allerdings Pfründen-Feudalismus vorkam. Der japanische ist bei den Daimyo's stark durch Eigenkontrolle des Herrn (Bakufu) temperierter Lehensfeudalismus, die Lehen der Samurai und Bake aber sind (oft: appropriierte) *Ministerialen*pfründen (nach der Kokudaka – dem Reisrentenertrag – katastriert).

Von Pfründen-Feudalismus wollen wir da sprechen, wo es sich

aa) um Appropriation von *Pfründen* handelt, also von Renten, die nach dem *Ertrage* geschätzt und verliehen werden, – [wo] ferner

bb) die Appropriation (grundsätzlich, wenn auch nicht immer effektiv) nur personal, und zwar je nach *Leistungen*, eventuell also mit *Aufrücken* erfolgt, –

so die türkischen Sipahi-Pfründen[,] wenigstens legal.

Vor allem aber[, wo]:

cc) nicht *primär* eine individuelle, freie, personale *Treue*beziehung durch *Verbrüderungs*kontrakt mit einem Herrn *persönlich* hergestellt und daraufhin ein individuelles Lehen vergeben wird, sondern primär *fiskalische* Zwecke des im übrigen patrimonialen (oft: sultanistischen) Abgaben*verbandes* des Herrn bestehen. Was sich (meist) darin ausdrückt: daß katastermäßig abtaxierte Ertragsobjekte vergeben werden.

Die primäre Entstehung des *Lehens*-Feudalismus erfolgt nicht notwendig, aber sehr regelmäßig aus einer (fast) rein naturalwirtschaftlichen, und zwar: *personalen* Bedarfsdeckung des politischen Verbandes (Dienstpflicht, Wehrpflicht) heraus. Sie will vor allem: statt des ungeschulten und ökonomisch unabkömmlichen und nicht mehr zur vollwertigen Selbstequipierung fähigen Heerbannes ein geschultes, gerüstetes, durch *persönliche* Ehre verbundenes *Ritterheer*. Die primäre Entstehung des *Pfründen*-Feudalismus ist regelmäßig eine Abwandlung *geld*wirtschaftlicher Finanzgebarung (»Rückbildung« zur Naturalleistungsfinanzierung) und kann erfolgen:

αα) zur Abwälzung des Risikos schwankender Einnahmen auf *Unternehmer* (also: als eine Art von Abwandlung der Steuerpacht), also [gegen]:

ααα) Übernahme der Gestellung von bestimmten Kriegern (Reiter, eventuell Kriegswagen, Gepanzerten, Train, eventuell Geschütze) für das patrimonialfürstliche Heer.

So in China im Mittelalter häufig: Deputate von Kriegern der einzelnen Gattungen auf eine Flächeneinheit.

Eventuell außerdem oder auch *nur*:

bbb) Bestreitung der Kosten der Zivilverwaltung, und

ccc) Abführung einer Steuerpauschale an die fürstliche Kasse.

So in Indien oft.

Dagegen wird natürlich gewährt (schon um diesen Verbindlichkeiten nachkommen zu können):

ddd) Appropriation von Herrenrechten verschiedenen Umfangs, zunächst regelmäßig kündbar und rückkäuflich, in Ermangelung von Mitteln aber faktisch oft: *definitiv*. Solche *definitiven* Appropriatoren werden dann mindestens: *Grundherren*, oft gelangen sie auch in den Besitz von weitgehenden verbandsmäßigen Herrengewalten.

So, vor allem, in Indien, wo die Zamindor-, Jagirdar-und Tulukdar-Grundherrschaften durchweg so entstanden sind. Aber auch in großen Teilen des vorderasiatischen Orient, wie *C. H. Becker* (der den Unterschied gegen das okzidentale Lehenswesen zuerst richtig sah) ausgeführt hat. *Primär* ist sie Steuerpacht, sekundär wird daraus »Grundherrschaft«. Auch die rumänischen »Bojaren« sind Abkömmlinge der gemischtesten Gesellschaft der Erde: Juden, Deutsche, Griechen usw., die zuerst als *Steuer*pächter Herrenrechte appropriierten.

ββ) Es kann die Unfähigkeit der *Soldzahlung an ein patrimoniales Heer* und dessen (nachträglich legalisierte) Usurpation zur Appropriation der Steuerquellen: Land und Untertanen, an Offiziere und Heer führen.

So die berühmten großen Khanen im Khalifenreich, die Quelle oder das Vorbild aller orientalischen Appropriationen bis auf die des Mameluken-Heeres (welches ja formal ein Sklavenheer war).

Nicht immer führt das zu einer katastermäßig geordneten Pfründen-Verlehnung, aber es steht ihm nahe und *kann* dahin führen.

Inwieweit die türkischen Sipahi-Lehen dem »Lehen« oder der »Pfründe« näher stehen, ist hier noch nicht zu erörtern: *legal* kennen sie das »Aufrücken« nach der »Leistung«.

Es ist klar, daß die beiden Kategorien durch unmerkliche Übergänge verbunden sind und eine *eindeutige* Zuteilung zu der einen oder anderen nur selten möglich ist. Außerdem steht der Pfründen-Feudalismus der *reinen* Präbendalisierung sehr nahe, und auch da existieren fließende Übergänge.

Nach einer ungenauen Terminologie steht neben dem Lehens-Feudalismus, der auf freiem *Kontrakt* mit einem *Herrn* ruht, und neben dem fiskalischen Pfründen-Feudalismus noch:

B. der (sogenannte) Polis-Feudalismus, der auf (realem oder fiktivem) Synoikismus von Grundherren zu unter sich gleichem Recht mit rein militaristischer Lebensführung und hoher ständischer Ehre ruht. Ökonomisch bildet der »Kleros« das nur personal und für Einzelerbfolge Qualifizierter appropriierte Landlos, bestellt die Dienste der (als Standesbesitz repartierten) Versklavten und [bildet] die Grundlage der Selbstequipierung.

Nur uneigentlich kann man diesen nur in Hellas (in voller Entwicklung nur in Sparta) nachweislichen, aus dem »Männerhaus« erwachsenen Zustand, wegen der spezifischen ständischen *Ehre*-konventionen und der ritterlichen *Lebensführung* dieser *Grund*herren, »Feudalismus« nennen. In Rom entspricht der Ausdruck »fundus« (= Genossenrecht) zwar dem hellenischen κλῆρος, aber *keine* Nachrichten liegen über Verfassungen der curia (co-viria = ἀνδρεῖον-Männerhaus) hier vor, die ähnlich gestaltet gewesen wären.

Im weitesten Sinn pflegt man *alle* ständisch privilegierten *militaristischen* Schichten, Institutionen und Konventionen »feudal« zu nennen. Dies soll hier als ganz unpräzis vermieden werden.

C. Aus dem umgekehrten Grund: weil zwar das verlehnte Objekt (Lehen) da ist, aber

1. nicht kraft freien Kontrakts (Verbrüderung, weder mit einem Herrn, noch mit Standesgenossen), sondern kraft Befehls des eigenen (patrimonialen) Herrn, *oder* aber zwar frei, aber

2. nicht auf Grund vornehmer ritterlicher *Lebensführung*, übernommen wird, oder

3. *beides* nicht,

sind auch

zu 1: die Dienstlehen ritterlich lebender, aber *abhängiger*, ebenso

zu 2: die Dienstlehen an frei geworbene, nicht ritterliche Krieger, endlich

zu 3: die Dienstlehen an Klienten, Kolonen, Sklaven, welche als *Krieger* benutzt werden,

für uns: *Pfründen*.

Beispiel zu 1: okzidentale und orientalische Ministerialen, Samurai in Japan;

Beispiel zu 2: kam im Orient vor, z. B. wohl bei den ptolemäischen Kriegern ursprünglich. Daß später infolge der erblichen Appropriierten [Appropriation] des Dienstlandes auch die Krieger als Beruf appropriiert galten, ist typisches Entwicklungsprodukt zum Leiturgiestaat;

Beispiel zu 3: typisch für die sog. »Kriegerkaste« in Altägypten, die Mameluken im mittelalterlichen Ägypten, die gebrandmarkten orientalischen und chinesischen (nicht immer, aber nicht selten mit Land beliehenen) Krieger usw.

Von »Feudalismus« spricht man auch dabei durchaus ungenau im Sinn der Existenz – in diesem Fall: (mindestens formal) negativ privilegierter – rein militaristischer *Stände*. Davon ist in Kap. IV zu reden.

§ 13. Das Gesagte kann keinen Zweifel darüber gelassen haben: daß Herrschaftsverbände, welche *nur* dem einen oder dem andern der bisher erörterten »reinen« Typen angehören, höchst selten sind. Zumal, namentlich bei der legalen und traditionalen Herrschaft, wichtige Fälle: Kollegialität, Feudalprinzip, noch gar nicht oder nur in vagen Andeutungen erörtert sind. Aber überhaupt ist festzuhalten: Grundlage *jeder* Herrschaft, also *jeder* Fügsamkeit, ist ein *Glauben*: »Prestige«-Glauben, zugunsten des oder der Herrschenden. Dieser ist selten ganz eindeutig. Er ist bei der »legalen« Herrschaft *nie* rein legal. Sondern der Legalitätsglauben ist »eingelebt«, also selbst traditionsbedingt: – Sprengung der Tradition vermag ihn zu vernichten. Und er ist auch charismatisch in dem negativen Sinn: daß hartnäckige eklatante Mißerfolge *jeder* Regierung zum Verderben gereichen, ihr Prestige brechen und die Zeit für charismatische Revolutionen reifen lassen. Für »Monarchien« sind daher verlorene, ihr Charisma als nicht »bewährt« erscheinen lassende, für »Republiken« siegreiche, den siegenden General als charismatisch qualifiziert hinstellende, Kriege gefährlich.

Rein traditionale Gemeinschaften gab es wohl. Aber nie absolut dauernd und – was auch für die bureaukratische Herrschaft gilt – selten ohne persönlich erbcharismatische oder amtscharismatische *Spitze* (neben einer unter Umständen rein traditionalen). Die *Alltags*-Wirtschaftsbedürfnisse wurden unter Leitung traditionaler Herren gedeckt, die außeralltäglichen (Jagd, Kriegsbeute) unter charismatischen Führern. Der Gedanke der Möglichkeit von »Satzungen« ist gleichfalls ziemlich alt (meist allerdings durch Orakel legitimiert). Vor allem aber ist mit *jeder extra*patrimonialen Rekrutierung des Verwaltungsstabs eine Kategorie von Beamten geschaffen, die sich von den legalen Bureaukratien nur durch die *letzten* Grundlagen ihrer Geltung, nicht aber formal, unterscheiden kann.

Absolut *nur* charismatische (auch: *nur* erbcharismatische usw.) Herrschaften sind gleichfalls selten. Aus charismatischer Herrschaft *kann* – wie bei Napoleon – direkt striktester Bureaukratismus hervorgehen oder allerhand präbendale und feudale Organisationen. Die Terminologie und Kasuistik hat also in gar *keiner* Art den Zweck und kann ihn nicht haben: erschöpfend zu sein und die historische Realität in Schemata zu spannen. Ihr Nutzen ist: daß jeweils gesagt werden kann: was an einem Verband die eine oder andere Bezeichnung verdient oder ihr nahesteht, ein immerhin zuweilen erheblicher Gewinn.

Bei allen Herrschaftsformen ist die Tatsache der Existenz des Verwaltungsstabes und seines *kontinuierlich* auf Durchführung und Erzwingung der Ordnungen gerichteten Handelns für die Erhaltung der Fügsamkeit vital. Die Existenz *dieses* Handelns ist das, was man mit dem Wort »Organisation« *meint*. Dafür wiederum ist die (ideelle und materielle) Interessen*solidarität* des Verwaltungsstabes mit dem Herrn ausschlaggebend. Für die Beziehung des Herrn zu ihm gilt der Satz: daß der auf jene Solidarität gestützte Herr jedem *einzelnen* Mitglied gegenüber stärker, *allen* gegenüber schwächer ist. Es bedarf aber einer planvollen *Vergesellschaftung* des Verwaltungsstabes, um die Obstruktion oder bewußte Gegenaktion gegen den Herrn planvoll und also erfolgreich durchzuführen und die Leitung des Herrn lahmzulegen. Ebenso wie es für jeden, der eine Herrschaft brechen will, der Schaffung *eigner* Verwaltungsstäbe zur Ermöglichung *eigner* Herrschaft bedarf, es sei denn, daß er auf Konnivenz und Kooperation des bestehenden Stabes gegen den bisherigen Herrn rechnen kann. In *stärkstem* Maß ist jene Interessensolidarität mit dem Herrn da vorhanden, wo für den Verwaltungsstab die *eigne* Legitimität und Versorgungsgarantie von der des Herrn abhängt. Für den einzelnen ist die Möglichkeit, sich dieser Solidarität zu entziehen, je nach der Struktur sehr verschieden. Am schwersten bei voller *Trennung* von den Verwaltungsmitteln, also in rein patriarchalen (nur auf Tradition ruhenden), rein patrimonialen und rein bureaukratischen (nur auf Reglements ruhenden) Herrschaften, am leichtesten: bei ständischer Appropriation (Lehen, Pfründe).

Endlich und namentlich aber ist die historische Realität

auch ein steter, meist latenter Kampf *zwischen* Herrn und Verwaltungsstab um Appropriation oder Expropriation des einen oder des anderen. Entscheidend für fast die ganze Kulturentwicklung war

1. der Ausgang dieses Kampfes als solcher,

2. der Charakter *derjenigen* Schicht von ihm anhängenden Beamten, welche dem Herrn den Kampf gegen feudale oder andere appropriierte Gewalten *gewinnen* half: rituelle Literaten, Kleriker, rein weltliche Klienten, Ministeriale[,] juristisch geschulte Literaten, fachmäßige Finanzbeamte, private Honoratioren (über die Begriffe später).

In der Art dieser Kämpfe und Entwicklungen ging *deshalb* ein gut Teil nicht nur der Verwaltungs-[,] sondern der Kulturgeschichte auf, weil die Richtung der *Erziehung* dadurch bestimmt und die Art der *Stände*bildung dadurch determiniert wurde.

1. Gehalt, Sportelchancen, Deputate, Lehen fesseln in untereinander sehr verschiedenem Maß und Sinn den Stab an den Herrn (darüber später). Allen gemeinsam ist jedoch: daß *die Legitimität* der betreffenden Einkünfte und der mit der Zugehörigkeit zum Verwaltungsstab verbundenen sozialen Macht und Ehre bei jeder Gefährdung der Legitimität des Herrn, der sie verliehen hat und garantiert, gefährdet erscheinen. Aus diesem Grund spielt die Legitimität eine wenig beachtete und doch so wichtige Rolle.

2. Die Geschichte des Zusammenbruchs der bisher legitimen Herrschaft bei uns zeigte: wie die Sprengung der Traditionsgebundenheit durch den Krieg einerseits und der Prestigeverlust durch die Niederlage andrerseits in Verbindung mit der systematischen Gewöhnung an illegales Verhalten in *gleichem* Maß die Fügsamkeit in die Heeres- und Arbeitsdisziplin erschütterten und so den Umsturz der Herrschaft vorbereiteten. – Andrerseits bildet das glatte Weiterfunktionieren des alten Verwaltungsstabes und die Fortgel-

tung seiner Ordnungen unter den neuen Gewalthabern ein hervorragendes Beispiel für die unter den Verhältnissen bureaukratischer Rationalisierung unentrinnbare Gebundenheit des einzelnen Gliedes dieses Stabes an seine sachliche Aufgabe. Der Grund war, wie erwähnt, keineswegs *nur* der privatwirtschaftliche: Sorge um die Stellung, Gehalt und Pension (so selbstverständlich das bei der Masse der Beamten mitspielte), sondern ganz ebenso der *sachliche* (ideologische): daß die Außerbetriebsetzung der Verwaltung unter den heutigen Bedingungen einen Zusammenbruch der Versorgung der gesamten Bevölkerung (einschließlich: der Beamten selbst) mit den elementarsten Lebensbedürfnissen bedeutet haben würde. Daher wurde mit Erfolg an das (sachliche) »Pflichtgefühl« der Beamten appelliert, [und] auch von den bisher legitimen Gewalten und ihren Anhängern selbst diese sachliche Notwendigkeit anerkannt.

3. Der Hergang des gegenwärtigen Umsturzes schuf einen neuen Verwaltungsstab in den Arbeiter- und Soldatenräten. Die Technik der Bildung dieser neuen Stäbe mußte zunächst »erfunden« werden und war übrigens an die Verhältnisse des Kriegs (Waffenbesitz) gebunden, ohne den der Umsturz überhaupt nicht möglich gewesen wäre (davon und von den geschichtlichen Analogien später). Nur durch Erhebung charismatischer Führer gegen die legalen Vorgesetzten und durch Schaffung charismatischer Gefolgschaften war die Enteignung der Macht der alten Gewalten möglich und durch Erhaltung des Fachbeamtenstabes auch technisch die Behauptung der Macht durchführbar. Vorher scheiterte gerade unter den modernen Verhältnissen jede Revolution hoffnungslos an der Unentbehrlichkeit der Fachbeamten und dem Fehlen eigener Stäbe. Die Vorbedingungen in allen früheren Fällen von Revolutionen waren sehr verschiedene (s. darüber das Kapitel über die Theorie der Umwälzungen).

4. Umstürze von Herrschaften aus der Initiative der Verwaltungsstäbe haben unter sehr verschiedenen Bedingungen in der Vergangenheit stattgefunden (s. darüber das Kapitel über die Theorie des Umsturzes). Immer war Voraussetzung eine Vergesellschaftung der Mitglieder des Stabes, welche, je nachdem, mehr den Charakter einer partiellen Verschwörung oder mehr einer allgemeinen Verbrüderung

und Vergesellschaftung annehmen konnte. Gerade dies ist unter den Existenzbedingungen moderner Beamter sehr erschwert, wenn auch, wie russische Verhältnisse zeigten, nicht ganz unmöglich. In aller Regel aber greifen sie an Bedeutung nicht über das hinaus, was Arbeiter durch (normale) Streiks erreichen wollen und können.

5. Der patrimoniale Charakter eines Beamtentums äußert sich vor allem darin, daß Eintritt in ein persönliches Unterwerfungs-(Klientel-)Verhältnis verlangt wird (»puer regis« in der Karolingerzeit, »familiaris« unter den Angiovinen usw.). Reste davon sind sehr lange bestehen geblieben.

7. Die herrschaftsfremde Umdeutung des Charisma.

§ 14. Das seinem primären Sinn nach autoritär gedeutete charismatische Legitimitätsprinzip kann antiautoritär umgedeutet werden. Denn die tatsächliche Geltung der charismatischen Autorität ruht in der Tat gänzlich auf der durch »Bewährung« bedingten *Anerkennung* durch die Beherrschten, die freilich dem charismatisch Qualifizierten *und deshalb* Legitimen gegenüber *pflichtmäßig* ist. Bei zunehmender Rationalisierung der Verbandsbeziehungen liegt es aber nahe: daß diese Anerkennung, statt als Folge der Legitimität, als Legitimitäts*grund* angesehen wird (*demokratische Legitimität*), die (etwaige) Designation durch den Verwaltungsstab als »Vorwahl«, durch den Vorgänger als »Vorschlag«, die Anerkennung der Gemeinde selbst als »Wahl«. Der kraft Eigencharisma legitime Herr wird dann zu einem Herrn von Gnaden der Beherrschten, den diese (formal) frei nach Belieben wählen und setzen, eventuell auch: absetzen, – wie ja der Verlust des Charisma und seiner Bewährung den Verlust der genuinen Legitimität nach sich gezogen hatte. Der Herr ist nun der *frei gewählte Führer*. Ebenso entwickelt sich die *Anerkennung* charismatischer Rechts*weisungen* durch die Gemeinde dann zu der Vorstellung: daß die Gemeinde Recht nach ihrem Belieben setzen, anerkennen und abschaffen könne, sowohl generell wie für den einzelnen Fall, – während die Fälle von Streit über das »richtige« Recht in der genuin charismatischen Herrschaft zwar faktisch oft durch Gemeindeentscheid, aber unter dem psychologischen Druck: daß es nur *eine* pflichtmäßige und richtige Entscheidung gebe, erledigt wurden. Damit nähert sich die Behandlung des Rechts der *legalen* Vorstellung. Der wichtigste Übergangstypus ist: die *plebiszitäre Herrschaft*. Sie hat ihre meisten Typen in dem »Parteiführertum« im modernen Staat. Aber sie besteht überall da, wo der Herr sich als Vertrauensmann der *Massen* legitimiert fühlt und als solcher anerkannt ist. Das adäquate Mittel dazu ist das Plebiszit. In den klassischen Fällen beider Napoleons ist es *nach* gewaltsamer Eroberung der Staatsgewalt angewendet, bei dem zweiten nach Prestige-Verlusten erneut angerufen worden. Gleichgültig (an *dieser* Stelle), wie man seinen Realitätswert veranschlagt: es ist jedenfalls *formal* das spezifische Mittel der Ableitung der Legitimität der Herrschaft aus dem (formal und der Fiktion nach) freien Vertrauen der *Beherrschten*.

Das »Wahl«-Prinzip, einmal, als Umdeutung des Charisma, auf den Herrn angewendet, kann auch auf den Verwaltungsstab angewendet werden. Wahl*beamte*, legitim kraft Vertrauens der Beherrschten, daher abberufbar durch Erklärung des Mißtrauens dieser, sind in »Demokratien« bestimmter Art, z. B. Amerika, typisch. Sie sind *keine*

»bureaukratischen« Figuren. Sie stehen in ihrer Stellung, weil selbständig legitimiert, in schwacher hierarchischer Unterordnung und mit vom »Vorgesetzten« nicht beeinflußbaren Chancen des Aufrückens und der Verwendung (Analogien in den Fällen mehrfacher, qualitativ besonderter Charismata, wie sie z. B. zwischen Dalai Lama und Taschi Lama bestehen). Eine aus ihnen zusammengesetzte Verwaltung steht als »Präzisionsinstrument« technisch *weit* hinter der bureaukratisch aus *ernannten* Beamten gebildeten zurück.

1. Die »plebiszitäre Demokratie« – der wichtigste Typus der Führer-Demokratie – ist ihrem genuinen Sinn nach eine Art der charismatischen Herrschaft, die sich unter der *Form* einer vom Willen der Beherrschten abgeleiteten und nur durch ihn fortbestehenden Legitimität verbirgt. Der Führer (Demagoge) herrscht tatsächlich kraft der Anhänglichkeit und des Vertrauens seiner politischen Gefolgschaft zu seiner *Person* als solcher. Zunächst: über die für ihn geworbenen Anhänger[,] weiterhin, im Fall diese ihm die Herrschaft verschaffen, innerhalb des Verbandes. Den Typus geben die Diktatoren der antiken und modernen Revolutionen: die hellenischen Aisymneten, Tyrannen und Demagogen, in Rom Gracchus und seine Nachfolger, in den italienischen Städtestaaten die Capitani del popolo und Bürgermeister (Typus für Deutschland: die Zürcher demokratische Diktatur), in den modernen Staaten die Diktatur Cromwells, der revolutionären Gewalthaber und der plebiszitäre Imperialismus in Frankreich. Wo immer überhaupt nach Legitimität dieser Herrschaftsform gestrebt wurde, wurde sie in der plebiszitären Anerkennung durch das souveräne Volk gesucht. Der persönliche Verwaltungsstab wird charismatisch, aus begabten Plebejern, rekrutiert (bei Cromwell unter Berücksichtigung der religiösen Qualifikation, bei Robespierre neben der persönlichen Verläßlichkeit auch gewisser »ethischer« Qualitäten, bei Napoleon ausschließlich nach der persönlichen Begabung und Verwendbarkeit für die Zwecke der kaiserlichen

»Herrschaft des Genies«). Er trägt auf der Höhe der revolutionären Diktatur den Charakter der Verwaltung kraft reinen Gelegenheitsmandats auf Widerruf (so in der Agenten-Verwaltung der Zeit der Wohlfahrtsausschüsse). Auch den durch die Reformbewegungen in den amerikanischen Städten hochgekommenen Kommunaldiktatoren hat die *eigne* freie Anstellung ihrer Hilfskräfte eingeräumt werden müssen. Die traditionale Legitimität ebenso wie die formale Legalität werden von der revolutionären Diktatur gleichmäßig ignoriert. Die nach materialen Gerechtigkeitsgründen, utilitarischen Zwecken und Staatsnutzen verfahrende Justiz und Verwaltung der patriarchalen Herrschaft findet in den Revolutionstribunalen und den materialen Gerechtigkeitspostulaten der radikalen Demokratie in der Antike und im modernen Sozialismus ihre entsprechende Parallele (wovon in der Rechtssoziologie zu handeln ist). Die Veralltäglichung des revolutionären Charisma zeigt dann ähnliche Umbildungen wie der entsprechende Prozeß sonst zutage fördert: so das englische Soldheer als Rückstand des Freiwilligkeitsprinzips des Glaubenskämpferheeres, das französische Präfektensystem als Rückstand der charismatischen Verwaltung der revolutionären plebiszitären Diktatur.

2. Der Wahl*beamte* bedeutet überall die radikale Umdeutung der Herrenstellung des charismatischen Führers in einen »Diener« der Beherrschten. Innerhalb einer technisch rationalen Bureaukratie hat er keine Stätte. Denn da er nicht von dem »Vorgesetzten« ernannt ist, nicht in seinen Avancementschancen von ihm abhängt, sondern seine Stellung der Gunst der Beherrschten verdankt, so ist sein Interesse an prompter Disziplin, um den Beifall der Vorgesetzten zu verdienen, gering; er wirkt daher wie eine »autokephale« Herrschaft. Eine technisch hochgradige Leistung läßt sich daher mit einem gewählten Beamtenstabe in aller Regel nicht erzielen. (Der Vergleich der Wahlbeamten der amerikanischen Einzelstaaten mit den ernannten Beamten der Union und ebenso die Erfahrungen mit den kommunalen Wahlbeamten gegenüber den von den plebiszitären Reform-Mayors nach eigenem Ermessen bestellten Committees sind Beispiele.) Dem Typus der plebiszitären Führerdemokratie stehen die (später zu besprechenden) Typen der führerlosen Demokra-

tie gegenüber, welche durch das Streben nach *Minimisierung der Herrschaft* des Menschen über den Menschen charakterisiert ist.

Der Führerdemokratie ist dabei im allgemeinen der naturgemäße *emotionale* Charakter der Hingabe und des Vertrauens zum Führer charakteristisch, aus welchem die Neigung, dem Außeralltäglichen, Meistversprechenden, am stärksten mit Reizmitteln Arbeitenden als Führer zu folgen, hervorzugehen pflegt. Der utopische Einschlag aller Revolutionen hat hier seine naturgemäße Grundlage. Hier liegt auch die Schranke der Rationalität dieser Verwaltung in moderner Zeit, – die auch in Amerika nicht *immer* den Erwartungen entsprach.

Beziehung zur Wirtschaft: 1. Die antiautoritäre Umdeutung des Charisma führt normalerweise in die Bahn der Rationalität. Der plebiszitäre Herrscher wird regelmäßig sich auf einen prompt und reibungslos fungierenden Beamtenstab zu stützen suchen. Die Beherrschten wird er *entweder* durch kriegerischen Ruhm und Ehre *oder* durch Förderung ihres materiellen Wohlseins – unter Umständen durch den Versuch der Kombination beider – an sein Charisma als »bewährt« zu binden suchen. Zertrümmerung der traditionalen, feudalen, patrimonialen und sonstigen autoritären Gewalten und Vorzugschancen wird sein erstes, Schaffung von ökonomischen Interessen, die mit ihm durch Legitimitäts-Solidarität verbunden sind, sein zweites Ziel sein. Sofern er dabei der Formalisierung und Legalisierung des Rechts sich bedient, *kann* er die »formal« rationale Wirtschaft in hohem Grade fördern.

2. Für die (formale) Rationalität der Wirtschaft schwächend werden plebiszitäre Gewalten leicht insofern, als ihre Legitimitätsabhängigkeit von dem Glauben und der

Hingabe der Massen sie umgekehrt zwingt: *materiale* Gerechtigkeitspostulate auch wirtschaftlich zu vertreten, also: den formalen Charakter der Justiz und Verwaltung durch eine materiale (»Kadi«-)Justiz (Revolutionstribunale, Bezugscheinsysteme, alle Arten von rationierter und kontrollierter Produktion und Konsumtion) zu durchbrechen. Insoweit er also *sozialer* Diktator ist, was an moderne sozialistische Formen nicht gebunden ist. Wann dies der Fall ist und mit welchen Folgen[,] ist hier noch nicht zu erörtern.

3. Das Wahl-*Beamtentum* ist eine Quelle der Störung formal rationaler Wirtschaft, weil es regelmäßig Parteibeamtentum, nicht fachgeschultes Berufsbeamtentum ist, und weil die Chancen der Abberufung oder der Nichtwiederwahl es an streng sachlicher und um die Konsequenzen unbekümmerter Justiz und Verwaltung hindern. Es hemmt die (formal) rationale Wirtschaft nur da *nicht* erkennbar, wo deren Chancen infolge der Möglichkeit, durch Anwendung technischer und ökonomischer Errungenschaften alter Kulturen auf *Neu*land mit noch nicht appropriierten Beschaffungsmitteln zu wirtschaften, hinlänglich weiten Spielraum lassen, um die *dann* fast unvermeidliche Korruption der Wahlbeamten als Spesen mit in Rechnung zu stellen und dennoch Gewinne größten Umfanges zu erzielen.

Für Abschnitt 1 bildet der Bonapartismus das klassische Paradigma. Unter Nap. I.: Code Napoléon, Zwangserbteilung, Zerstörung aller überkommenen Gewalten überall in der Welt, dagegen Lehen für verdiente Würdenträger; zwar [war] der Soldat alles, der Bürger nichts, aber dafür: gloire und – im ganzen – leidliche Versorgung des Kleinbürgertums. Unter Nap. III.: ausgeprägte Fortsetzung der bürgerköniglichen Parole »enrichissez-vous«, Riesenbauten, Crédit mobilier, mit den bekannten Folgen.

Für Abschnitt 2 ist die griechische »Demokratie« der perikleischen und nachperikleischen Zeit ein klassisches Beispiel. Prozesse wurden nicht, wie der römische, von dem vom Prätor bindend instruierten oder gesetzgebundenen Einzelgeschworenen und nach formalem Recht entschieden. Sondern von der nach »materialer« Gerechtigkeit, in Wahrheit: nach Tränen, Schmeicheleien, demagogischen Invektiven und Witzen entscheidenden Heliaia (man sehe die »Prozeßreden« der attischen Rhetoren, – sie finden in Rom *nur* in politischen Prozessen: Cicero, eine Analogie). Die Unmöglichkeit der Entwicklung eines *formalen* Rechts und einer *formalen* Rechtswissenschaft römischer Art war die Folge. Denn die Heliaia war »Volksgericht« ganz ebenso wie die »Revolutionsgerichte« der französischen und der deutschen (Räte-)Revolution, welche keineswegs *nur* politisch relevante Prozesse vor ihre Laien-Tribunale zogen. Dagegen hat keine englische Revolution je die Justiz, *außer* für hochpolitische Prozesse, angetastet. Allerdings war dafür die Friedensrichterjustiz meist Kadijustiz, – aber nur soweit sie die Interessen der Besitzenden *nicht* berührte, also: Polizeicharakter hatte.

Für Abschnitt 3 ist die nordamerikanische Union das Paradigma. Auf die Frage: warum sie sich von oft bestechlichen Parteileuten regieren ließen? antworteten mir anglo-amerikanische Arbeiter noch vor 16 Jahren: weil »our big country« solche Chancen böte, daß, auch wenn Millionen gestohlen, erpreßt und unterschlagen würden, doch noch Verdienst genug bleibe, und weil diese »professionals« eine Kaste seien, auf die »wir« (die Arbeiter) »spucken«, während Fachbeamte deutscher Art eine Kaste sein würden, die »auf die Arbeiter spucken« würden.

Alle Einzelheiten der Zusammenhänge mit der Wirtschaft gehören in die Sonderdarstellung weiter unten, nicht hierher.

8. Kollegialität und Gewaltenteilung.

§ 15. Eine Herrschaft kann traditional oder rational durch *besondere* Mittel begrenzt und beschränkt sein.

Von der Tatsache der Beschränkung der Herrschaft durch die Traditions- oder Satzungsgebundenheit *als solcher* ist also hier nicht die Rede. Sie ist in dem Gesagten (§ 3 ff.) schon miterörtert. Sondern hier handelt es sich um *spezifische*, die Herrschaft beschränkende soziale *Beziehungen* und Verbände.

1. Eine patrimoniale oder feudale Herrschaft ist beschränkt durch ständische Privilegien, im Höchstmaß durch die *ständische Gewaltenteilung* (§ 9, 4), – Verhältnisse, von denen schon die Rede war.

2. Eine bureaukratische Herrschaft kann beschränkt sein (und muß gerade bei vollster Entwicklung des Legalitätstypus normalerweise beschränkt sein, damit *nur* nach *Regeln* verwaltet werde), durch Behörden, welche zu *Eigenrecht* neben der bureaukratischen Hierarchie stehen und:

a) die Kontrolle und eventuelle Nachprüfung der Innehaltung der Satzungen, oder:

b) auch das Monopol der Schaffung aller oder der für das Ausmaß der Verfügungsfreiheit der Beamten maßgeblichen Satzungen, eventuell und vor allem:

c) auch das Monopol der Bewilligung der für die Verwaltung nötigen Mittel besitzen.

Von diesen Mitteln ist weiterhin gesondert zu reden (§ 16).

3. Jede Art von Herrschaft kann ihres monokratischen, an *eine* Person gebundenen Charakters entkleidet sein

durch das Kollegialitätsprinzip. Dieses selbst aber kann ganz verschiedenen Sinn haben. Nämlich:

a) den Sinn: daß neben monokratischen Inhabern von Herrengewalten andre ebenfalls monokratische Gewalthaber stehen, denen Tradition oder Satzung wirksam die Möglichkeit gibt, als Aufschubs- oder Kassationsinstanzen gegen Verfügungen jener zu fungieren (Kassations-Kollegialität).

Wichtigste Beispiele: der Tribun (und ursprünglich: Ephore) der Antike, der capitano del popolo des Mittelalters, der Arbeiter- und Soldatenrat und seine Vertrauensmänner in der Zeit nach dem 9. November 1918 bis zur Emanzipation der regulären Verwaltung von dieser, zur »Gegenzeichnung« berechtigten, Kontrollinstanz.

Oder:

b) den ganz entgegengesetzten Sinn: daß Verfügungen von Behörden nicht monokratischen Charakters, nach vorgängiger Beratung und Abstimmung, erlassen werden, daß also laut Satzung nicht ein einzelner, sondern eine Mehrheit von einzelnen zusammenwirken muß, damit eine bindende Verfügung zustande kommt (Leistungs-Kollegialität). Es kann dann gelten:

α. Einstimmigkeitsprinzip, oder:

β. Mehrheitsprinzip.

c) Dem Fall a (Kassationskollegialität) entspricht im Effekt der Fall: daß zur Schwächung der monokratischen Gewalt mehrere, monokratische, gleichberechtigte Inhaber von Herrengewalten stehen, ohne Spezifizierung von Leistungen, so daß also bei Konkurrenz um Erledigung der gleichen Angelegenheit mechanische Mittel (Los, Turnus,

Orakel, Eingreifen von Kontrollinstanzen: 2 a) entscheiden müssen, wer sie zu erledigen hat, und mit dem Effekt, daß jeder Gewalthaber Kassationsinstanz gegen jeden andren ist.

Wichtigster Fall: die römische Kollegialität der legitimen Magistratur (Consul, Praetor).

d) Dem Fall b (Leistungs-Kollegialität) steht noch nahe der Fall: daß in einer Behörde zwar ein *material* monokratischer primus inter pares vorhanden ist, Anordnungen aber normalerweise nur nach *Beratung* mit andren *formal* gleichgeordneten Mitgliedern erfolgen sollen und die Abweichung der Ansichten in *wichtigen Fällen* eine Sprengung des Kollegiums durch Austritte und damit eine Gefährdung der Stellung des monokratischen Herrn zur Folge hat (Leistungs-Kollegialität mit präeminentem Leiter).

Wichtigster Fall: die Stellung des englischen »Prime Minister« innerhalb des »Cabinet«. Diese hat bekanntlich sehr gewechselt. Der Formulierung nach entsprach sie aber material in den meisten Fällen der Epoche der Kabinettsregierung.

Nicht notwendig Abschwächung, sondern eventuell: eine *Temperierung* der Herrschaft im Sinn der Rationalisierung, bewirken *beratende* kollegiale Körperschaften *neben* monokratischen Herren. Aber sie *können* im Effekt die Überhand über den Herrn gewinnen. Insbesondere dann, wenn sie *ständischen* Charakters sind. – Hauptfälle:

e) Dem Fall d steht nahe der andre: daß eine formal nur *beratende* Körperschaft beigeordnet ist einem *monokratischen*, durch ihre Entscheidungen überhaupt nicht gebundenen Herrn, der nur, durch Tradition oder Satzung, zur Einholung ihres – formal unverbindlichen – Rats verpflichtet ist, dessen Mißachtung im Fall des *Mißerfolgs* ihn verantwortlich macht.

Wichtigster Fall: Die Beiordnung des Senats als Beratungsinstanz der Magistrate, aus der sich *faktisch* dessen Herrschaft *über* die Magistrate entwickelte (durch die Kontrolle der Finanzen). Das Primäre war wohl *ungefähr* die geschilderte Auffassung. Aus der (faktischen) *Finanz*kontrolle, noch mehr aber aus der *ständischen* Identität von Senatoren und (formal) gewählten Beamten entwickelte sich die tatsächliche *Bindung* der Magistrate an Senatsbeschlüsse: das »si eis placeret«, welches deren Unverbindlichkeit ausdrückte, hieß später soviel wie etwa unser »gefälligst« bei dringenden Anweisungen.

f) Wiederum etwas anders stellt sich der Fall: daß in einer Behörde *spezifizierte Kollegialität* besteht, d.h. die Vorbereitung und der Vortrag der einzelnen zur Kompetenz gehörigen Angelegenheiten *Fach*männern – eventuell bei der gleichen Angelegenheit: verschiedenen – anvertraut ist, die Entscheidung aber durch Abstimmung der sämtlichen Beteiligten erfolgt.

In den meisten Staatsräten und staatsratsartigen Bildungen der Vergangenheit war dies mehr oder minder rein der Fall (so im englischen Staatsrat der Zeit vor der Kabinettsherrschaft). Sie haben die Fürsten nie expropriiert, so groß ihre Macht zuweilen war. Im Gegenteil hat der Fürst unter Umständen versucht, auf den Staatsrat zurückzugreifen, um die *Kabinetts*-Regierung (der Parteiführer) abzuschütteln: so in England, vergeblich. Dagegen entspricht der Typus leidlich den Fachministerien des erbcharismatischen und des plebiszitär-gewaltenteilenden (amerikanischen) Typus, die vom Herrn (König, Präsidenten) nach Ermessen ernannt werden, um ihn zu stützen.

g) Die spezifizierte Kollegialität kann eine bloß beratende Körperschaft sein, deren Voten und Gegenvoten dem Herrn zur freien Entschließung vorgelegt werden (wie in lit. e).

Der Unterschied ist dann nur: daß hier die Leistungsspezifikation am grundsätzlichsten durchgeführt ist. Der Fall entspricht etwa der preußischen Praxis unter Friedrich Wilhelm I. Stets stützt dieser Zustand die Herrenmacht.

h) Der rational spezifizierten Kollegialität steht am schärfsten gegenüber die traditionale Kollegialität von »Ältesten«, deren kollegiale Erörterung als Garantie der Ermittelung des wirklich traditionalen Rechts angesehen wird, und eventuell: als Mittel der Erhaltung der Tradition gegen traditionswidrige Satzungen durch Kassation dient.

Beispiele: viele der »Gerusien« der Antike, für die Kassation: der Areopag in Athen, die »patres« in Rom (allerdings primär dem Typus l – s. unten – zugehörig).

i) Eine Abschwächung der Herrschaft kann durch Anwendung des Kollegialprinzips auf die (sei es formal, sei es material) höchsten (ausschlaggebenden) Instanzen (den

Herrn selbst) unternommen werden. Der Fall liegt in seiner Kasuistik durchaus gleichartig den von d bis g besprochenen. Die einzelnen Zuständigkeiten können a) im Turnus wechseln, oder b) dauernde »Ressorts« einzelner bilden. Die Kollegialität besteht so lange, als die (formale) Mitwirkung aller zu legitimen Verfügungen erforderlich ist.

Wichtigste Beispiele: der Schweizer Bundesrat mit seiner nicht eindeutigen Ressortverteilung und dem Turnus-Prinzip; die revolutionären Kollegien der »Volksbeauftragten« in Rußland, Ungarn, zeitweise Deutschland; aus der Vergangenheit: der Venezianer »Rat der Elf«, die Kollegien der Anzianen usw.

Sehr viele Fälle der Kollegialität innerhalb *patrimonialer* oder feudaler Herrschaftsverbände sind entweder

α. Fälle ständischer Gewaltenteilung (Kollegialität des ständischen Verwaltungsstabs oder der ständisch Appropriierten [Appropriierenden]), – oder

β. Fälle der Schaffung von mit dem Herrn *gegen* die vergesellschafteten ständischen Gewalthaber solidarischen kollegialen Vertretungen des patrimonialen Beamtentums (Staatsräte; Fall f oben);

γ. Fälle der Schaffung von beratenden und unter Umständen beschließenden Körperschaften, denen der Herr präsidiert oder beiwohnt oder über deren Verhandlungen und Voten er unterrichtet wird und durch deren Zusammensetzung teils

αα) aus fachmäßigen Kennern, teils

ββ) aus Personen mit einem spezifischen ständischen Prestige er hoffen kann, seine – gegenüber den steigenden *Fach*anforderungen – zunehmend nur noch *dilettantische* Informiertheit soweit zu vervollkommnen, daß ihm eine begründete *eigne* Entscheidung möglich bleibt (Fall g oben).

In den Fällen γ legt der Herr naturgemäß Gewicht auf Vertretung möglichst heterogener und eventuell entgegengesetzter

αα) Fachmeinungen und

ββ) Interessen, um

1. allseitig informiert zu sein, –
2. die Gegensätze gegeneinander ausspielen zu können.

Im Fall β legt der Herr umgekehrt oft (nicht: immer) Gewicht auf Geschlossenheit der Meinungen und Stellungnahmen (Quelle der »solidarischen« Ministerien und Kabinette in den sog. »konstitutionellen« oder anderen effektiv gewaltenteilenden Staaten).

Im Fall α wird das Kollegium, welches die Appropriation vertritt, Gewicht auf Einhelligkeit der Meinungen und Solidarität legen, sie aber nicht immer erzielen können, da jede Appropriation durch ständisches Privileg kollidierende Sonderinteressen schafft.

Für α sind die Ständeversammlungen, ständischen Ausschüsse und die ihnen vorangehenden auch außerhalb des Okzidents häufigen Vasallenversammlungen (China) typisch. Für β die ersten, durchweg kollegialen, Behörden der entstehenden modernen Monarchie, zusammengesetzt vor allem (aber nicht nur) aus Juristen und Finanzexperten. Für γ die Staatsräte zahlreicher fremder und der entstehenden modernen okzidentalen Monarchien (noch im 18. Jahrh. hatte gelegentlich ein Erzbischof Sitz im englischen »Kabinett«) mit ihren »Räten von Haus aus« und ihrer Mischung von Honoratioren und Fachbeamten.

Jener Umstand des Gegensatzes der ständischen Interessen gegeneinander kann dem Herrn beim Feilschen und Ringen mit den Ständen Vorteile schaffen. Denn

k) als »kollegial« *kann* man – der äußeren Form wegen – auch Vergesellschaftungen bezeichnen, welche die Vertreter als *Delegierte* von untereinander kollidierenden ideellen oder Macht- oder materiellen Interessen zusammenschließen sollen, um eine *Schlichtung* der Interessengegensätze durch *Kompromiß* zu erreichen (Kompromiß-Kollegialität im Gegensatz zur Amts- und zur parlamentarischen Abstimmungs-Kollegialität).

Der Fall liegt in grober Form in der »ständischen« Gewaltenteilung vor, welche *stets* nur durch Kompromiß der Privilegierten zu Entscheidungen gelangte (siehe bald). In rationalisierter Form ist er möglich durch Auslese der Delegierten nach dauernder ständischer oder Klassenlage (s. Kap. IV) oder aktuellem Interessengegensatz. »Abstimmung« kann in einer solchen Körperschaft – solange sie diesen Charakter hat – keine Rolle spielen, sondern entweder

α. *paktiertes* Kompromiß der Interessenten oder

β. vom Herrn oktroyiertes Kompromiß nach *Anhörung* der Stellungnahme der verschiedenen Interessentenparteien.

Über die eigenartige Struktur des sog. »Ständestaats« später näheres. Die *Trennung* der Kurien (»Lords« und »Gemeine«: – die Kirche hatte ihre gesonderten »convocations« – in England; Adel, Geistliche, tiers état in Frankreich; die zahlreichen Gliederungen deutscher Stände) und die Notwendigkeit, durch *Kompromiß*, zunächst innerhalb des einzelnen Standes, dann zwischen den Ständen, zu Entschließungen zu gelangen (die der Herr oft als unverbindliche Vorschläge behandelte) gehören hierher. An der jetzt wieder sehr modernen Theorie der »berufsständischen Vertretung« (s. bald [§ 22]) ist zu tadeln: daß meist die Einsicht fehlt, daß hier *Kompromisse*, nicht Überstimmungen, das allein adäquate Mittel sind. Innerhalb *freier* Arbeiter-Räte würden sich die Angelegenheiten materiell als ökonomisch bedingte Macht-, nicht als Abstimmungsfragen erledigen.

l) Endlich gibt es – ein damit verwandter Fall – *Abstimmungs*kollegialität in Fällen, wo *mehrere* bisher autokephale und autonome Verbände sich zu einem neuen Verband vergesellschaften und dabei ein (irgendwie abgestuftes) Einflußrecht auf Entscheidungen durch *Appropriation* von Stimmen auf ihre Leiter oder deren Delegierte erreichen (Verschmelzungs-Kollegialität).

Beispiele: die Vertretungen der Phylen, Phratrien und Geschlechter in der antiken Ratsbehörde, der mittelalterliche Geschlechterverband in der Zeit der consules, die Mercadanza der Zünfte, die Delegierten der »Fachräte« in einen Zentralrat der Arbeiterschaft, der »Bundesrat« oder Senat in Bundesstaaten, die (effektive) Kollegialität bei Koalitionsministerien oder Koalitionsregierungskollegien (Maximum: bei Bestellung nach dem Proporz: Schweiz).

m) Einen Sondercharakter hat die Abstimmungskollegialität gewählter *parlamentarischer* Repräsentanten, von der daher gesondert zu handeln sein wird. Denn sie ruht auf *entweder*

α. Führerschaft und ist dann Gefolgschaft, oder

β. auf *partei*kollegialer Geschäftsführung, und ist dann »führerloser Parlamentarismus«.

Dazu aber ist Erörterung der *Parteien* notwendig.

Kollegialität – außer im Fall der monokratischen Kassationskollegialität – bedeutet, fast unvermeidlich, eine Hemmung *präziser* und eindeutiger, vor allem *schneller* Entschließungen (in ihren irrationalen Formen auch: der Fachgeschultheit). Eben diese Wirkung war aber dem Fürsten bei Einführung des Fachbeamtentums meist nicht unerwünscht. Aber eben dies hat sie zunehmend zurückgedrängt, je schneller das notwendige Tempo der Entschließungen und des Handelns wurde. Innerhalb der kollegialen *leitenden* Instanzen stieg im allgemeinen die Machtstellung des leitenden Mitgliedes zu einer formell und materiell präeminenten (Bischof, Papst in der Kirche, Ministerpräsident im Kabinett). Das Interesse an Wiederbelebung der Kollegialität der *Leitung* entspringt meist einem Bedürfnis nach Schwächung des Herrschers als solchen. Dann dem Mißtrauen und Ressentiment, weniger der Beherrschten: – die meist nach dem »Führer« geradezu rufen, – als der Glieder des Verwaltungsstabs gegen die monokratische Führung. Dies gilt aber durchaus nicht nur und nicht einmal vorzugsweise von negativ privilegierten, sondern *gerade* auch von positiv privilegierten Schichten. Kollegialität ist durchaus *nichts* spezifisch »Demokratisches«. Wo privilegierte Schichten sich gegen die Bedrohung durch die negativ Privilegierten zu sichern hatten, haben sie stets darnach getrachtet und darnach trachten müssen, keine monokratische Herrengewalt aufkommen zu lassen, welche sich auf jene Schichten hätte stützen können, also, neben strengster *Gleichheit* der Privilegierten (davon gesondert im folgenden §), kollegiale Behörden als Überwachungs- und allein beschließende Behörden geschaffen und aufrechterhalten.

Typen: Sparta, Venedig, der vorgracchische und sullanische Senat in Rom, England wiederholt im 18. Jahrhundert, Bern und andre Schweizer-Kantone, die mittelalterlichen Geschlechterstädte mit ihren kollegialen Konsuln, die Mercadanza, welche die Händler-, nicht die Arbeiter-Zünfte umfaßte: diese letzteren wurden sehr leicht die Beute von Nobili oder Signoren.

Die Kollegialität gewährleistet größere »Gründlichkeit« der Erwägungen der Verwaltung. Wo diese auf Kosten der Präzision und Schnelligkeit bevorzugt werden soll, pflegt – neben den oben erwähnten Motiven – noch heute auf sie zurückgegriffen zu werden. Immerhin *teilt* sie die Verantwortlichkeit, und bei größeren Gremien schwindet diese gänzlich, während Monokratie sie deutlich und unbezweifelbar festlegt. Große und schnell einheitlich zu lösende Aufgaben werden im ganzen (und rein technisch wohl mit Grund) in die Hand monokratischer, mit der *Allein*verantwortung belasteter »Diktatoren« gelegt.

Weder eine kraftvolle einheitliche äußere noch innere Politik von Massenstaaten ist *effektiv* kollegial zu leiten. Die »Diktatur des Proletariats« zum Zwecke der Sozialisierung insbesondere erforderte eben den vom Vertrauen der Massen getragenen »*Diktator*«. Eben diesen aber können und wollen – nicht etwa: die »Massen«, sondern: – die massenhaften parlamentarischen, parteimäßigen, oder (was nicht den geringsten Unterschied macht) in den »Räten« herrschenden Gewalthaber nicht ertragen. Nur in Rußland ist er durch *Militärmacht* entstanden und durch das Solidaritätsinteresse der neu appropriierten *Bauern* gestützt.

Es seien nachstehend noch einige, das Gesagte teils zusammenfassende, teils ergänzende Bemerkungen angefügt:

Kollegialität hat historisch doppelten Sinn gehabt:

a) mehrfache Besetzung des gleichen Amtes oder mehrere direkt in der Kompetenz miteinander konkurrierende Ämter nebeneinander, mit gegenseitigem Vetorecht. Es handelt sich dann um technische Gewaltenteilung zum Zweck der Minimisierung der Herrschaft. Diesen Sinn hatte die »Kollegialität« vor allem in der römischen Magistratur, deren wichtigster Sinn die Ermöglichung der jedem Amtsakt fremden Interzession der par potestas war, um dadurch die Herrschaft des Einzelmagistrates zu schwächen. Aber jeder Einzelmagistrat *blieb* dabei Einzelmagistrat, in mehreren Exemplaren;

b) kollegiale Willensbildung: legitimes Zustandekommen eines Befehls nur durch Zusammenwirken mehrerer, entweder nach dem Einstimmigkeits- oder nach dem Mehrheitsprinzip. Dies ist der moderne, in der Antike nicht unbekannte, aber ihr nicht charakteristische, Kollegialitätsbegriff. – Diese Art der Kollegialität kann entweder 1. Kollegialität der höchsten Leitung, also der Herrschaft selbst, sein, oder 2. Kollegialität ausführender oder 3. Kollegialität beratender Behörden.

1. Kollegialität der *Leitung* kann ihre Gründe haben:

α. darin, daß der betreffende Herrschaftsverband auf Vergemeinschaftung oder Vergesellschaftung mehrerer autokephaler Herrschaftsverbände beruht und alle sich Vergesellschaftenden Machtanteil verlangen (antiker Synoikismus mit der nach Sippen, Phratrien, Phylen gegliederten kollegialen Ratsbehörde; – mittelalterlicher Verband der Geschlechter mit dem repartierten Geschlechterrat; – mittelalterlicher Verband der Zünfte in der Mercadanza mit dem Rat der Anzianen oder Zunftdeputierten; – »Bundesrat« in modernen Bundesstaaten; – effektive Kollegialität bei Ministerien oder höchsten Regierungskollegien, die von Parteikoalitionen gestellt werden (Maximum: bei Repartition der Macht nach dem Proporz, wie zunehmend in der Schweiz). – Die Kollegialität ist dann ein besonderer Fall des ständischen oder kantonalen Repräsentationsprinzips). – Oder

β. in dem Fehlen eines Führers zufolge: Eifersucht der um die Führerschaft Konkurrierenden oder: Streben der Beherrschten nach Minimisierung der Herrschaft einzelner. Aus einer Mischung dieser Gründe ist sie in den meisten Revolutionen aufgetreten, sowohl als »Rat« der Offiziere oder auch der Soldaten revoltierender Truppen, wie als Wohlfahrtsausschuß oder Ausschuß von »Volksbeauftragten«. In der normalen Friedensverwaltung hat fast immer das letztgenannte Motiv: die Abneigung gegen den einzelnen »starken Mann«, für die Kollegialität leitender Behörden entschieden: so in der Schweiz und z. B. in der neuen badischen Verfassung. (Träger dieser Abneigung waren diesmal die Sozialisten, welche die für die Sozialisierung unbedingt erforderliche straffe Einheitlichkeit der Verwaltung aus Besorgnis vor dem »Wahlmonarchen« opferten. Dafür war insbesondere die führerfeindliche Empfindungsweise des (Gewerkschafts-, Partei-, Stadtkreis-)Beamtentums in der Partei maßgebend.) – Oder

γ. in dem ständischen »Honoratioren«-Charakter der für die Besetzung der Leitung ausschlaggebenden und ihren Besitz monopolisierenden Schicht, also: als Produkt ständisch-aristokratischer Herrschaft. Jede ständisch privilegierte Schicht fürchtet das auf emotionale Massenhingabe gestützte Führertum mindestens ebenso stark wie die führerfeindliche Demokratie. Die Senatsherrschaft und die faktischen Versuche, durch geschlossene Ratskörperschaften zu regieren, gehören dahin, ebenso die venezianische und ihr ähnliche Verfassungen. – Oder

δ. in dem Kampf des Fürstentums gegen die zunehmende Expropriation durch das fachgeschulte Beamtentum. Die moderne Verwaltungsorganisation beginnt in der obersten Leitung in den okzidentalen Staaten (und übrigens ähnlich auch in den für die dortige Entwicklung vorbildlichen Patrimonialstaaten des Orients: China, Persien, Khalifenreich, osmanisches Reich) durchweg mit kollegialen Behörden. Der Fürst scheut nicht nur die Machtstellung einzelner, sondern hofft vor allem: durch das System der Voten und Gegenvoten in einem Kollegium die Entscheidung selbst in der Hand und, da er zunehmend Dilettant wird, die nötige Übersicht über die Verwaltung zu behalten, besser als bei Abdankung zugunsten der Machtstellung von Einzelbeamten. (Die Funktion der höchsten Behörden war zunächst ein Mittelding zwischen beratenden und verfügenden Kollegien; nur die besonders irrational wirkende Eigenmacht des Fürsten in der Finanzgebarung wurde – so in der Reform des Kaiser[s] Max – von den Fachbeamten sofort gebrochen, und hier mußte der Fürst aus zwingenden Gründen nachgeben.) – Oder

ε. in dem Wunsch, spezialistische Fachorientierung und auseinandergehende Interessen sachlicher oder persönlicher Art durch kollegiale Beratung auszugleichen, also: Kompromisse zu ermöglichen. So namentlich in der Leitung der Gemeindeverwaltung, welche einerseits lokal übersehbare und stark technische Probleme vor sich sieht, andrerseits und namentlich aber ihrer Natur nach sehr stark auf Kompromissen von materiellen Interessenten zu beruhen pflegt, – so lange wenigstens, als die *Massen* sich die Herrschaft der durch Besitz und Schulung privilegierten Schichten gefallen lassen. – Die Kollegialität der Ministerien hat technisch ähnliche Gründe: wo sie fehlt, wie z. B. in Rußland und (weniger ausgeprägt) im deutschen Reich des alten Regimes, war eine effektive Solidarität der Regierungsstellen nie herzustellen, sondern nur der erbittertste Satrapenkampf der Ressorts zu beobachten,–

Die Gründe unter α, γ, δ sind rein historischen Charakters. Die moderne Entwicklung der bureaukratischen Herrschaft hat in *Massenverbänden* – einerlei ob Staaten oder Großstädten – überall zu einer Schwächung der Kollegialität in der effektiven *Leitung* geführt. Denn die Kollegialität vermindert unvermeidlich 1. die Promptheit der Entschlüsse, – 2. die Einheitlichkeit der Führung, – 3. die eindeutige Verantwortlichkeit des einzelnen, – 4. die Rücksichtslosigkeit nach außen und die Aufrechterhaltung der Disziplin im Innern. – Überall ist daher – auch aus s. Z. zu erörternden ökonomischen und technologischen Gründen – in Massenstaaten mit Beteiligung an der großen Politik die Kollegialität, wo sie erhalten blieb, abgeschwächt worden zugunsten der prominenten Stellung des politischen *Führers* (leader, Ministerpräsident). Ähnlich wie übrigens auch in fast allen großen patrimonialistischen Verbänden, gerade den streng sultanistischen, stets wieder das Bedürfnis nach einer führenden Persönlichkeit (Großvesier) neben dem Fürsten gesiegt hat, soweit nicht die »Günstlings«-Wirtschaft Ersatz dafür schuf. *Eine* Person sollte *verantwortlich* sein. Der Fürst aber war es *legal* nicht.

2. Die Kollegialität der *ausführenden* Behörden bezweckte die Sachlichkeit und, vor allem, Integrität der Verwaltung zu stützen und in diesem Interesse die Macht einzelner zu schwächen. Sie ist aus den gleichen Gründen wie in der Leitung fast überall der technischen

Überlegenheit der Monokratie gewichen (so in Preußen in den »Regierungen«).

3. Die Kollegialität nur *beratender* Körperschaften hat zu allen Zeiten bestanden und wird wohl zu allen Zeiten bestehen. Entwicklungsgeschichtlich sehr wichtig (wie an seinem Ort zu erwähnen): – besonders in jenen Fällen, wo die »Beratung« des Magistrats oder Fürsten tatsächlich nach der Machtlage eine »maßgebliche« war, – bedarf sie der Erörterung in dieser Kasuistik nicht. –

Unter Kollegialität ist hier stets Kollegialität der *Herrschaft* verstanden, – also von Behörden, welche entweder selbst verwalten oder die Verwaltung unmittelbar (beratend) beeinflussen. Das Verhalten von ständischen oder parlamentarischen *Versammlungen* gehört, wie im Text angedeutet, noch nicht hierher.

Die Kollegialität hat geschichtlich den Begriff der »Behörde« erst voll zur Entfaltung gebracht, weil sie *stets* mit *Trennung* des »Bureau« vom »Haushalt« (der Mitglieder), [des] behördlichen vom privaten Beamtenstab, [der] Verwaltungsmittel vom Privatvermögen verbunden war. Es ist eben deshalb kein Zufall, daß die *moderne* Verwaltungsgeschichte des Okzidents ganz ebenso mit der Entwicklung von Kollegialbehörden von Fachbeamten einsetzt wie jede dauernde *Ordnung* patrimonialer, ständischer, feudaler oder anderer traditionaler politischer Verbände es – in anderer Art – auch tat. Nur kollegiale, eventuell solidarisch zusammenstehende Beamtenkörperschaften konnten insbesondre den zum »Dilettanten« werdenden Fürsten des Okzidents allmählich politisch expropriieren. Bei Einzelbeamten würde die persönliche Obödienz die unumgängliche Zähigkeit des Widerstandes gegen irrationale Anweisungen des Fürsten, ceteris paribus, weit leichter überwunden haben. Nach dem als unabwendbar erkannten Übergang zur Fachbeamtenwirtschaft hat dann der Fürst regelmäßig das *beratende* Kollegialsystem (Staatsratssystem) mit Voten und Gegenvoten auszubauen gesucht, um, obwohl Dilettant, doch Herr zu bleiben. Erst nach dem endgültigen und unwiderruflichen Siege des rationalen Fachbeamtentums trat – insbesondre den Parlamenten gegenüber (s. später) – das Bedürfnis nach monokratisch (durch Ministerpräsidenten) geleiteter Solidarität der höchsten Kollegien, *gedeckt* durch den Fürsten und ihn deckend, und damit die allgemeine Tendenz zur Monokratie und also: Bureaukratie in der Verwaltung, siegreich auf.

1. Man kann sich die Bedeutung der Kollegialität an der Wiege der modernen Verwaltung besonders leicht an dem Kampf der von Kaiser Maximilian in höchster Not (Türkengefahr) geschaffenen Finanzbehörden mit seiner Gepflogenheit, über den Kopf der Beamten und ad hoc nach Laune Anweisungen und Pfandurkunden herzugeben, klar machen. Am *Finanz*problem begann die Expropriation des Fürsten, der *hier* zuerst politischer *Nicht*fachmann (Dilettant) wurde. Zuerst in der italienischen Signorie mit ihrem kaufmännisch geordneten Rechnungswesen, dann in den burgundisch-französischen, dann in den deutschen Kontinentalstaaten, selbständig davon bei den Normannen in Sizilien und England (Exchequer). Im Orient haben die Divane, in China die Yamen, in Japan das Bakufu usw., eine entsprechende, nur, in Ermangelung von *rational* geschulten Fachbeamten und also angewiesen auf die empirischen Kenntnisse »alter« Beamter, nicht zur Bureaukratisierung führende Rolle gespielt, in Rom: der Senat.

2. Die Kollegialität hat für die Trennung von privatem Haushalt und Amtsverwaltung eine ähnliche Rolle gespielt wie die voluntaristischen großen Handelsgesellschaften für die Trennung von Haushalt und Erwerbsbetrieb, Vermögen und Kapital.

§ 16. Die Herrengewalt kann ferner abgemildert werden:

4. durch *spezifizierte Gewaltenteilung*: Übertragung spezifisch verschiedener, im Legalitätsfall (*konstitutionelle Gewaltenteilung*) *rational* bestimmter »Funktionen« als Herrengewalten auf *verschiedene* Inhaber, derart, daß nur durch ein Kompromiß zwischen ihnen in Angelegenheiten, welche mehrere von ihnen angehen, Anordnungen legitim zustande kommen.

1. »Spezifizierte« Gewaltenteilung bedeutet im Gegensatz zur »ständischen«: daß die Herrengewalten je nach ihrem *sachlichen* Charakter unter verschiedene Macht- (oder Kontroll-) Inhaber »verfassungsmäßig« (nicht notwendig: im Sinn der gesatzten und geschriebenen Verfassung) verteilt sind. Derart entweder, daß Verfügungen *verschiedener* Art nur durch verschiedene oder daß Verfügungen *gleicher* Art nur durch Zusammenwirken (also: ein nicht formal erzeugbares Kompromiß) *mehrerer* Machthaber legitim geschaffen werden können. Geteilt sind aber auch hier nicht: »Kompetenzen«, sondern: die *Herren*rechte *selbst*.

2. Spezifizierte Gewaltenteilung ist nichts *unbedingt* Modernes. Die Scheidung zwischen selbständiger politischer und selbständiger hierokratischer Gewalt – statt Cäsaropapismus oder Theokratie – gehört hierher. Nicht minder *kann* man die spezifizierten Kompetenzen der römischen Magistraturen als eine Art der »Gewaltenteilung« auffassen. Ebenso die spezifizierten Charismata des Lamaismus. Ebenso die weitgehend selbständige Stellung der chinesischen (konfuzianischen) Hanlin-Akademie und der »Zensoren« gegenüber dem Monarchen. Ebenso die schon in Patrimonialstaaten, ebenso aber im römischen Prinzipat, übliche Trennung der Justiz- und Finanz- (Zivil-) von der Militärgewalt in den Unterstaffeln. Und letztlich natürlich überhaupt jede Kompetenzverteilung. Nur verliert der Begriff der »Gewaltenteilung« dann jede Präzision. Er ist zweck-

mäßigerweise auf die Teilung der höchsten *Herrengewalt selbst* zu beschränken. Tut man das, dann ist die rationale, durch Satzung (Konstitution) begründete Form der Gewaltenteilung: die konstitutionelle, durchaus modern. Jedes Budget kann im nicht parlamentarischen, sondern »konstitutionellen« Staat *nur* durch *Kompromiß* der legalen Autoritäten (Krone und – eine oder mehrere – Repräsentantenkammern) zustande kommen. Geschichtlich ist der Zustand in Europa aus der *ständischen* Gewaltenteilung entwickelt, theoretisch in England durch Montesquieu, dann Burke, begründet. Weiter rückwärts ist die Gewaltenteilung aus der Appropriation der Herrengewalten und Verwaltungsmittel an Privilegierte und aus den steigenden regulären ökonomisch-sozial bedingten (Verwaltungs-) und irregulären (vor allem durch Krieg bedingten) Finanzbedürfnissen erwachsen, denen der Herr ohne Zustimmung der Privilegierten nicht abhelfen konnte, aber – oft nach deren eigener Ansicht und Antrag – abhelfen sollte. Dafür war das ständische Kompromiß nötig, aus dem geschichtlich das Budgetkompromiß und die Satzungskompromisse – die keineswegs schon der ständischen Gewaltenteilung in dem Sinn zugehören, wie der konstitutionellen – erwachsen sind.

3. Konstitutionelle Gewaltenteilung ist ein spezifisch labiles Gebilde. Die *wirkliche* Herrschaftsstruktur bestimmt sich nach der Beantwortung der Frage: was geschehen *würde*, *wenn* ein satzungsgemäß unentbehrliches Kompromiß (z. B. über das Budget) *nicht* zustande käme. Ein budgetlos regierender König von England würde dann (heute) seine Krone riskieren, ein budgetlos regierender preußischer König nicht, im vorrevolutionären deutschen Reich wären die *dynastischen* Gewalten ausschlaggebend gewesen.

§ 17. *Beziehungen zur Wirtschaft.* 1. Die (rationale Leistungs-)*Kollegialität* von legalen *Behörden* kann die Sachlichkeit und persönliche Unbeeinflußtheit der Verfügungen steigern und dadurch die Bedingungen der Existenz rationaler Wirtschaft günstig gestalten, auch wo die Hemmung der Präzision des Funktionierens negativ ins Gewicht fällt. Die ganz großen kapitalistischen Gewalthaber der Gegenwart ebenso wie diejenigen der Vergangenheit bevorzugen aber im politischen wie im Partei- wie im Leben aller Verbände, die für sie wichtig sind, eben deshalb die Monokratie als die (in ihrem Sinn) »diskretere«, persönlich zugänglichere und leichter für die Interessen der Mächtigen zu gewinnende Form der Justiz und Verwaltung, und auch nach deutschen Erfahrungen mit Recht. – Die Kassationskollegialität und die aus irrationalen Appropriationen der Macht eines traditionalen Verwaltungsstabes entstandenen kollegialen Behörden können umgekehrt irrational wirken. Die im Beginn der Entwicklung des Fachbeamtentums stehende Kollegialität der Finanzbehörden hat im ganzen wohl zweifellos die (formale) Rationalisierung der Wirtschaft begünstigt.

Der monokratische amerikanische Partei-Boß, nicht die oft kollegiale, offizielle Parteiverwaltung ist dem interessierten Parteimäzenaten »gut«. Deshalb ist er unentbehrlich. In Deutschland haben große Teile der sog. »Schwerindustrie« die Herrschaft der Bureaukratie gestützt und nicht den (in Deutschland bisher kollegial verwalteten) Parlamentarismus: aus dem gleichen Grunde.

2. Die Gewaltenteilung pflegt, da sie, wie jede Appropriation, feste, wenn auch noch nicht rationale, Zuständigkeiten schafft und dadurch ein Moment der »Berechenbarkeit« in das Funktionieren des Behördenapparats trägt, der (formalen) Rationalisierung der Wirtschaft günstig zu sein. Die auf Aufhebung der Gewaltenteilung gerichteten Bestrebungen (Räterepublik, Konvents- und Wohlfahrtsausschußregierungen) sind durchweg auf (mehr oder min-

der) *material* rationale Umgestaltung der Wirtschaft eingestellt und wirken dementsprechend der formalen Rationalität entgegen.

Alle Einzelheiten gehören in die Spezialerörterungen.

9. Parteien.

§ 18. Parteien sollen heißen auf (formal) freier Werbung beruhende Vergesellschaftungen mit dem Zweck, ihren Leitern innerhalb eines Verbandes Macht und ihren aktiven Teilnehmern dadurch (ideelle oder materielle) Chancen (der Durchsetzung von sachlichen Zielen oder der Erlangung von persönlichen Vorteilen oder beides) zuzuwenden. Sie können ephemere oder auf Dauer berechnete Vergesellschaftungen sein, in Verbänden jeder Art auftreten und als Verbände jeder Form: charismatische Gefolgschaften, traditionale Dienerschaften, rationale (zweck- oder wertrationale, »weltanschauungsmäßige«) Anhängerschaften entstehen. Sie können mehr an persönlichen Interessen oder an sachlichen Zielen orientiert sein. Praktisch können sie insbesondere offiziell oder effektiv ausschließlich: nur auf Erlangung der Macht für den Führer und Besetzung der Stellen des Verwaltungsstabes durch ihren Stab gerichtet sein (Patronage-Partei). Oder sie können vorwiegend und bewußt im Interesse von Ständen oder Klassen (ständische bzw. Klassen-Partei) oder an konkreten sachlichen Zwecken oder an abstrakten Prinzipien (Weltanschauungs-Partei) orientiert sein. Die Eroberung der Stellen des Verwaltungsstabes für ihre Mitglieder pflegt aber mindestens Nebenzweck, die sachlichen »Programme« nicht selten nur Mittel der Werbung der Außenstehenden als Teilnehmer zu sein.

Parteien sind begrifflich nur *innerhalb* eines Verbandes möglich, dessen Leitung sie beeinflussen oder erobern wollen; jedoch sind interverbändliche Partei-Kartelle möglich und nicht selten.

Parteien können alle Mittel zur Erlangung der Macht anwenden. Da wo die Leitung durch (formal) freie *Wahl* besetzt wird und Satzungen durch Abstimmung geschaffen werden, sind sie primär Organisationen für die Werbung von Wahlstimmen und bei Abstimmungen vorgesehener Richtung legale Parteien. Legale Parteien bedeuten infolge ihrer prinzipiell *voluntaristischen* (auf freier Werbung ruhenden) Grundlage praktisch *stets*: daß der Betrieb der Politik *Interessenten*betrieb ist (wobei hier der Gedanke an »ökonomische« Interessenten noch ganz beiseite bleibt: es handelt sich um *politische*, also ideologisch oder an der *Macht* als solcher, orientierte Interessenten). Das heißt: daß er in den Händen

a) von Parteileitern und Parteistäben liegt, – denen

b) aktive Parteimitglieder meist nur als Akklamanten, unter Umständen als Kontroll-, Diskussions-, Remonstrations-, Parteiresolutions-Instanzen zur Seite treten, – während

c) die nicht aktiv mit vergesellschafteten Massen (der Wähler und Abstimmenden) nur Werbeobjekt für Zeiten der Wahl oder Abstimmung sind (passive »Mitläufer«), deren Stimmung nur in Betracht kommt als Orientierungsmittel für die Werbearbeit des Parteistabes in Fällen aktuellen Machtkampfes.

Regelmäßig (nicht immer) *verborgen* bleiben

d) die Parteimäzenaten.

Andre als formal-legal organisierte Parteien im formal-legalen Verband können primär vor allem sein

a) charismatische Parteien: Zwist über die charismatische Qualität des Herrn: über den charismatisch »richtigen« Herrn (Form: Schisma);

b) traditionalistische Parteien: Zwist über die Art der Ausübung der traditionalen Gewalt in der Sphäre der freien Willkür und Gnade des Herrn (Form: Obstruktion oder offene Revolte gegen »Neuerungen«).

c) Glaubensparteien, regelmäßig, aber nicht unvermeidlich, mit a identisch: Zwist über Weltanschauungs- oder Glaubens-*Inhalte* (Form: Häresie, die auch bei rationalen Parteien – Sozialismus – vorkommen kann);

d) reine Appropriations-Parteien: Zwist mit dem Herrn und dessen Verwaltungsstab über die Art der Besetzung der Verwaltungsstäbe, sehr oft (aber natürlich nicht notwendig) mit b identisch.

Der Organisation nach können Parteien den gleichen Typen angehören wie alle andren Verbände, also charismatisch-plebiszitär (Glauben an den *Führer*) oder traditional (Anhänglichkeit an das soziale *Prestige* des Herrn oder präeminenten Nachbarn) oder rational (Anhänglichkeit an die durch »statutenmäßige« Abstimmung geschaffenen Leiter und Stäbe) orientiert sein, sowohl was die Obödienz der Anhänger als was die der Verwaltungsstäbe betrifft.

Alles Nähere (Materiale) gehört in die Staatssoziologie.

Wirtschaftlich ist die Partei-*Finanzierung* eine für die Art der Einflußverteilung und der materiellen Richtung des Parteihandelns zentral wichtige Frage: ob kleine Massenbeiträge, ob ideologischer Mäzenatismus, ob interessierter (direkter und indirekter) Kauf, ob Besteuerung der durch die Partei zugewendeten Chancen oder der ihr unterlegenen Gegner: – auch diese Problematik gehört aber im einzelnen in die Staatssoziologie.

1. Parteien gibt es ex definitione nur *innerhalb* von Verbänden (politischen oder andern) und im Kampf um deren Beherrschung. Innerhalb der Parteien kann es wiederum Unterparteien geben und gibt es sie sehr häufig (als ephemere Vergesellschaftungen typisch bei jeder Nominationskampagne für den Präsidentschaftskandidaten bei amerikanischen Parteien, als Dauer-Vergesellschaftungen z. B. in Erscheinungen wie den »Jungliberalen« bei uns vertreten gewesen). – Für *inter*verbandliche Parteien s. einerseits (ständisch) die Guelfen und Ghibellinen in Italien im 13. Jahrh., und die modernen Sozialisten (Klasse) andrerseits.

2. Das Merkmal der (formal!) freien *Werbung*, der (formal, vom Standpunkt der Verbandsregeln aus) voluntaristischen Grundlagen der Partei, wird hier als das ihr Wesentliche behandelt und bedeutet jedenfalls einen soziologisch tiefgreifenden Unterschied gegen alle von seiten der Verbandsordnungen vorgeschriebenen und geordneten Vergesellschaftungen. Auch wo die Verbandsordnung – wie z. B. in den Vereinigten Staaten und bei unserem Verhältniswahlrecht – von der Existenz der Parteien Notiz nimmt, sogar: ihre Verfassung zu regulieren unternimmt, bleibt doch jenes voluntaristische Moment unangetastet. Wenn eine Partei eine geschlossene, durch die Verbandsordnungen dem Verwaltungsstab eingegliederte Vergesellschaftung wird – wie z. B. die »parte Guelfa« in den trecentistischen Florentiner Statuten es schließlich wurde –, so ist sie keine »Partei« mehr, sondern ein Teilverband des politischen Verbandes.

3. Parteien in einem genuin charismatischen Herrschaftsverband sind notwendig schismatische Sekten, ihr Kampf ist ein Glaubenskampf und als solcher nicht endgültig austragbar. Ähnlich kann es im streng patriarchalen Verband liegen. Den Parteien im modernen Sinn

sind diese beiden Parteiarten, wo sie *rein* auftreten, normalerweise fremd. Gefolgschaften von Lehens- und Amtsprätendenten, geschart um einen Thronprätendenten, stehen sich in den üblichen erbcharismatischen und ständischen Verbänden typisch gegenüber. Persönliche Gefolgschaften sind auch in den Honoratiorenverbänden (aristokratischen Städtestaaten), aber auch in manchen Demokratien durchaus vorwiegend. Ihren modernen Typus nehmen die Parteien erst im legalen Staat mit Repräsentativverfassung vor. Die Darstellung erfolgt weiterhin in der Staatssoziologie.

4. Beispiele für reine Patronage-Parteien im *modernen* Staat sind in klassischer Art die beiden großen amerikanischen Parteien des letzten Menschenalters. Beispiele für sachliche und »Weltanschauungs«-Parteien lieferten s. Z. der alte Konservatismus, der alte Liberalismus und die alte bürgerliche Demokratie, später die Sozialdemokratie – bei ihnen allen mit sehr starkem Einschlag von Klassen*interesse* – und das Zentrum; das letztere ist seit Durchsetzung fast aller Forderungen sehr stark reine Patronage-Partei geworden. Bei allen, auch bei der reinsten Klassen-Partei pflegt aber für die Haltung der Parteiführer und des Parteistabs das *eigne* (ideelle und materielle) Interesse an Macht, Amtsstellungen und Versorgung mit ausschlaggebend zu sein und die Wahrnehmung der Interessen ihrer Wählerschaft nur soweit stattzufinden, als ohne Gefährdung der Wahlchancen unvermeidlich ist. Dies letztgenannte Moment ist einer der Erklärungsgründe der Gegnerschaft gegen das Parteiwesen.

5. Über die Organisationsformen der Parteien ist s. Z. gesondert zu handeln. Allen gemeinsam ist: daß einem Kern von Personen, in deren Händen die *aktive* Leitung: die Formulierung der Parolen und die Auswahl der Kandidaten liegt, sich »Mitglieder« mit wesentlich passiverer Rolle zugesellen, während die Masse der Verbandsglieder nur eine Objektrolle spielt, und die Wahl zwischen den mehreren von der Partei ihnen präsentierten Kandidaten und Programmen hat. Dieser Sachverhalt ist bei Parteien ihres voluntaristischen Charakters wegen unvermeidlich und stellt das dar, was hier »Interessenten«betrieb genannt ist. (Unter »Interessenten« sind hier, wie gesagt, »politische«, nicht etwa »materielle« Interessenten gemeint). Es ist der zweite Hauptangriffspunkt der Opposition gegen das Par-

teiwesen als solches und bildet die *formale* Verwandtschaft der Parteibetriebe mit dem gleichfalls auf *formal* freier Arbeitswerbung ruhenden kapitalistischen Betrieb.

6. Das Mäzenatentum als Finanzierungsgrundlage ist keineswegs nur »bürgerlichen« Parteien eigen. Paul *Singer* z. B. war ein sozialistischer Parteimäzenat (wie übrigens auch ein humanitärer Mäzenat) größten Stils (und: reinsten Wollens, soviel irgend bekannt). Seine ganze Stellung als Vorstand der Partei beruhte darauf. Die russische (Kerenskij-)Revolution ist (in den Parteien) durch ganz große Moskauer Mäzenaten mit finanziert worden. Andre deutsche Parteien (der »Rechten«) durch die Schwerindustrie; das Zentrum gelegentlich von katholischen Multimillionären.

Die Parteifinanzen sind aber für die Forschung aus begreiflichen Gründen das wenigst durchsichtige Kapitel der Parteigeschichte und doch eines ihrer wichtigsten. Daß eine »Maschine« (Caucus, über den Begriff später) geradezu »gekauft« wird, ist in Einzelfällen wahrscheinlich gemacht. Im übrigen besteht die Wahl: entweder die Wahl-*Kandidaten* tragen den Löwenanteil der Wahlkosten (englisches System) – Resultat: Plutokratie der Kandidaten –, oder die »Maschine« – Resultat: Abhängigkeit der Kandidaten von Partei*beamten*. In der einen oder andren Form ist dies so, seit es Parteien als *Dauer*organisationen gibt, im trecentistischen Italien so gut wie in der Gegenwart. Diese Dinge dürfen nur nicht durch Phrasen verhüllt werden. Eine Partei-Finanzierung hat gewiß Grenzen ihrer Macht: sie kann im ganzen nur das als Werbemittel auftreten lassen, was »Markt« hat. Aber wie beim kapitalistischen Unternehmertum im Verhältnis zum Konsum ist allerdings heut die Macht des *Angebots* durch die Suggestion der Reklamemittel (namentlich der nach rechts oder links – das ist gleichgültig – »radikalen Parteien«) ungeheuer gesteigert.

10. Herrschaftsfremde Verbandsverwaltung und Repräsentanten-Verwaltung.

§ 19. Verbände können bestrebt sein, die – in einem gewissen Minimalumfang unvermeidlich – mit Vollzugsfunktionen verbundenen Herrschaftsgewalten tunlichst zu reduzieren (Minimisierung der Herrschaft), indem der Verwaltende als *lediglich* nach Maßgabe des Willens, im »Dienst« und kraft Vollmacht der Verbandsgenossen fungierend gilt. Dies ist bei *kleinen* Verbänden, deren sämtliche Genossen örtlich versammelt werden können und sich untereinander kennen und als sozial gleich werten, im Höchstmaß erreichbar, aber auch von größeren Verbänden (insbesondre Stadtverbänden der Vergangenheit und Landbezirksverbänden) versucht worden. Die üblichen technischen Mittel dafür sind

a) kurze Amtsfristen, möglichst nur zwischen je zwei Genossenversammlungen,

b) jederzeitiges Abberufungsrecht (recall),

c) Turnus- oder Los-Prinzip bei der Besetzung, so daß jeder einmal »daran kommt«, – also: Vermeidung der Machtstellung des Fach- und des sekretierten Dienstwissens,

d) streng imperatives Mandat für die Art der Amtsführung (*konkrete*, nicht: generelle, Kompetenz), festgestellt durch die Genossenversammlung,

e) strenge Rechenschaftspflicht vor der Genossenversammlung,

f) Pflicht, jede besondersartige und nicht vorgesehene Frage der Genossenversammlung (oder einem Ausschuß) vorzulegen,

g) zahlreiche nebengeordnete und mit Sonderaufträgen versehene Ämter, – also:

h) *Neben*berufs-Charakter des Amts.

Wenn der Verwaltungsstab durch Wahl bestellt wird, dann erfolgt sie in einer Genossenversammlung. Die Verwaltung ist wesentlich mündlich, schriftliche Aufzeichnungen finden nur soweit statt, als Rechte urkundlich zu wahren sind. Alle wichtigen Anordnungen werden der Genossenversammlung vorgelegt.

Diese und diesem Typus nahestehende Arten der Verwaltung sollen »*unmittelbare Demokratie*« heißen, *solange* die Genossenversammlung *effektiv* ist.

1. Die nordamerikanische town-ship und der schweizerische Kleinkanton (Glarus, Schwyz, beide Appenzell usw.) stehen bereits der Größe nach an der Grenze der Möglichkeit »unmittelbar demokratischer« Verwaltung (deren Technik hier nicht auseinandergesetzt werden soll). Die attische Bürgerdemokratie überschritt tatsächlich diese Grenze weit, das parliamentum der frühmittelalterlichen italienischen Stadt erst recht. Vereine, Zünfte, wissenschaftliche, akademische, sportliche Verbände aller Art verwalten sich oft in dieser Form. Aber sie ist ebenso auch übertragbar auf die interne Gleichheit »aristokratischer« Herren-Verbände, die keinen Herrn über sich aufkommen lassen wollen.

2. Wesentliche Vorbedingung ist *neben* der örtlichen oder personalen (am besten: beiden) Kleinheit des Verbandes auch das Fehlen qualitativer Aufgaben, welche nur durch fachmäßige Berufsbeamte zu lösen sind. Mag auch dies Berufsbeamtentum in strengster Abhängigkeit zu halten versucht werden, so enthält es doch den Keim der Bureaukratisierung und ist, vor allem, nicht durch die genuin »unmittelbar demokratischen« Mittel anstellbar und abberufbar.

3. Die rationale Form der unmittelbaren Demokratie steht dem primitiven gerontokratischen oder patriarchalen Verband innerlich nahe. Denn auch dort wird »im Dienst« der Genossen verwaltet.

Aber es besteht dort a) Appropriation der Verwaltungsmacht, – b) (normal:) strenge Traditionsbindung. Die unmittelbare Demokratie ist ein *rationaler* Verband oder kann es doch sein. Die Übergänge kommen sogleich zur Sprache.

§ 20. »Honoratioren« sollen solche Personen heißen, welche

1. kraft ihrer ökonomischen Lage imstande sind, kontinuierlich nebenberuflich in einem Verband leitend und verwaltend ohne Entgelt oder gegen nominalen oder Ehren-Entgelt tätig zu sein[,] und welche

2. eine, gleichviel worauf beruhende, soziale Schätzung derart genießen, daß sie die Chance haben, bei formaler unmittelbarer Demokratie kraft Vertrauens der Genossen zunächst freiwillig, schließlich traditional, die Ämter inne zu haben.

Unbedingte Voraussetzung der Honoratiorenstellung in dieser primären Bedeutung: *für* die Politik leben zu können, ohne *von* ihr leben zu müssen, ist ein spezifischer Grad von »Abkömmlichkeit« aus den eignen privaten Geschäften. Diesen besitzen im Höchstmaß: Rentner aller Art: Grund-, Sklaven-, Vieh-, Haus-, Wertpapier-Rentner. Demnächst solche Berufstätige, deren Betrieb ihnen die nebenamtliche Erledigung der politischen Geschäfte besonders erleichtert: Saisonbetriebsleiter (daher: Landwirte), Advokaten (weil sie ein »Bureau« haben) und einzelne Arten andrer freier Berufe. In starkem Maß auch: patrizische Gelegenheitshändler. Im Mindestmaß: gewerbliche Eigenunternehmer und Arbeiter. Jede unmittelbare Demokratie neigt dazu, zur »Honoratiorenverwaltung« überzugehen. Ideell: weil sie als durch Erfahrung und Sachlichkeit besonders qualifiziert gilt. Materiell: weil sie sehr billig, unter Umständen geradezu: kostenlos, bleibt. Der Honoratiore ist teils im Besitz der sachlichen Verwaltungsmittel bzw. benutzt sein Vermögen als solches, teils werden sie ihm vom Verband gestellt.

1. Als *ständische* Qualität ist die Kasuistik des Honoratiorentums später zu erörtern. Die primäre Quelle ist in allen primitiven Gesellschaften: Reichtum, dessen Besitz allein oft »Häuptlings«-Qualität gibt (Bedingungen s. Kap. IV). Weiterhin kann, je nachdem, erbcharismatische Schätzung oder die Tatsache der Abkömmlichkeit mehr im Vordergrund stehen.

2. Im Gegensatz zu dem auf naturrechtlicher Grundlage für effektiven Turnus eintretenden town-ship der Amerikaner konnte man in den unmittelbar demokratischen Schweizer Kantonen bei Prüfung der Beamtenlisten leicht die Wiederkehr ständig derselben Namen und, erst recht, Familien verfolgen. Die Tatsache der größeren *Abkömmlichkeit* (zum »gebotenen Ding«) war auch innerhalb der germanischen Dinggemeinden und der zum Teil anfangs streng demokratischen Städte Norddeutschlands eine der Quellen der Herausdifferenzierung der »meliores« und des Ratspatriziats.

3. Honoratiorenverwaltung findet sich in jeder Art von Verbänden, z. B. typisch auch in nicht bureaukratisierten politischen Parteien. Sie bedeutet stets: extensive Verwaltung und ist daher, *wenn* aktuelle und sehr dringliche Wirtschafts- und Verwaltungsbedürfnisse präzises Handeln erheischen, zwar »unentgeltlich« für den Verband, aber zuweilen »kostspielig« für dessen einzelne Mitglieder.

Sowohl die genuine unmittelbare Demokratie wie die genuine Honoratiorenverwaltung versagen technisch, wenn es sich um Verbände über eine gewisse (elastische) Quantität hinaus (einige Tausend vollberechtigte Genossen) oder um Verwaltungsaufgaben handelt, welche Fachschulung einerseits, Stetigkeit der Leitung andrerseits erfordern. Wird hier nur mit dauernd angestellten Fachbeamten neben wechselnden Leitern gearbeitet, so liegt die Verwaltung tatsächlich normalerweise in den Händen der ersteren, die die Arbeit tun, während das Hineinreden der letzteren wesentlich dilettantischen Charakters bleibt.

Die Lage der wechselnden Rektoren, die im Nebenamt akademische Angelegenheiten verwalten[,]gegenüber den Syndiken, unter Umständen selbst den Kanzleibeamten, ist ein typisches Beispiel dafür. Nur der autonom für längeren Termin gekorene Universitätspräsident (amerikanischen Typs) könnte – von Ausnahmenaturen abgesehen – eine nicht nur aus Phrasen und Wichtigtuerei bestehende »Selbstverwaltung« der Universitäten schaffen, und nur die Eitelkeit der akademischen Kollegien einerseits, das Machtinteresse der Bureaukratie andrerseits sträubt sich gegen das Ziehen solcher Konsequenzen. Ebenso liegt es aber, mutatis mutandis, überall.

Herrschaftsfreie unmittelbare Demokratie und Honoratiorenverwaltung bestehen ferner nur so lange genuin, als keine Parteien als Dauergebilde entstehen, sich bekämpfen und die Ämter zu appropriieren suchen. Denn sobald dies der Fall ist, sind der Führer der kämpfenden und – mit gleichviel welchen Mitteln – siegenden Partei und sein Verwaltungsstab herrschaftliches Gebilde, trotz Erhaltung aller Formen der bisherigen Verwaltung.

Eine ziemlich häufige Form der Sprengung der »alten« Verhältnisse.

11. Repräsentation.

§ 21. Unter Repräsentation wird *primär* der (in Kap. I, § 11) erörterte Tatbestand verstanden: daß das Handeln bestimmter Verbandszugehöriger (Vertreter) den übrigen zugerechnet wird oder von ihnen gegen sich als »legitim« geschehen und für sie verbindlich gelten gelassen werden soll und tatsächlich wird.

Innerhalb der Verbands*herrschaften* aber nimmt Repräsentation mehrere typische Formen an:

1. Appropriierte Repräsentation. Der Leiter (oder ein Verbandsstabsmitglied) hat das appropriierte Recht der Repräsentation. In dieser Form ist sie sehr alt und findet sich in patriarchalen und charismatischen (erbcharismatischen, amtscharismatischen) Herrschaftsverbänden der verschiedensten Art. Die Vertretungsmacht hat *traditionalen* Umfang.

Schechs von Sippen oder Häuptlinge von Stämmen, Kastenschreschths, Erbhierarchen von Sekten, Dorf-patels, Obermärker, Erbmonarchen und alle ähnlichen patriarchalen und patrimonialen Leiter von Verbänden aller Art gehören hierher. Befugnis zum Abschluß von Verträgen und zu satzungsartigen Abmachungen mit den Ältesten der Nachbarverbände finden sich schon in sonst primitiven Verhältnissen (Australien).

Der appropriierten Repräsentation sehr nahe steht

2. die ständische (eigenrechtliche) Repräsentation. Sie ist insofern *nicht* »Repräsentation«, als sie primär als Vertretung und Geltendmachung lediglich *eigner* (appropriierter) Rechte (Privilegien) angesehen wird. Aber sie hat insofern Repräsentationscharakter (und wird daher gelegent-

lich auch als solche angesehen), als die Rückwirkung der Zustimmung zu einem ständischen Rezeß *über* die Person des Privileginhabers hinaus auf die nicht privilegierten Schichten, nicht nur der Hintersassen, sondern auch anderer, nicht durch Privileg ständisch Berechtigter, wirkt, indem ganz regelmäßig deren *Gebundenheit* durch die Abmachungen der Privilegierten als selbstverständlich vorausgesetzt oder ausdrücklich in Anspruch genommen wird.

Alle Lehenshöfe und Versammlungen ständisch privilegierter Gruppen, κατ' ἐξοχῆν aber die »Stände« des deutschen Spätmittelalters und der Neuzeit gehören hierher. Der Antike und den außereuropäischen Gebieten ist die Institution nur in einzelnen Exemplaren bekannt, nicht aber ein allgemeines »Durchgangsstadium« gewesen.

3. Den schärfsten Gegensatz hierzu bildet die *gebundene Repräsentation*: gewählte (oder durch Turnus oder Los oder andere ähnliche Mittel bestimmte) Beauftragte, deren Vertretungsgewalt durch *imperative Mandate* und Abberufungsrecht nach Innen und Außen begrenzt und an die Zustimmung der Vertretenen gebunden ist. Diese »Repräsentanten« sind in Wahrheit: Beamte der von ihnen Repräsentierten.

Das imperative Mandat hat von jeher und in Verbänden der allerverschiedensten Art eine Rolle gespielt. Die gewählten Vertreter der Kommunen z. B. in Frankreich waren fast immer durchaus an ihre »cahiers des doléances« gebunden. – Zurzeit findet sich diese Art der Repräsentation besonders in den Räterepubliken, für welche sie Surrogat der in Massenverbänden unmöglichen unmittelbaren Demokratie ist. Gebundene Mandatare sind sicherlich Verbänden der verschiedensten Art auch außerhalb des mittelalterlichen und modernen Okzidents bekannt, doch nirgends von großer historischer Bedeutung gewesen.

4. *Freie Repräsentation.* Der Repräsentant, in aller Regel gewählt (eventuell formell oder faktisch durch Turnus bestimmt) ist an keine Instruktion gebunden, sondern Eigenherr über sein Verhalten. Er ist pflichtmäßig nur an *sachliche* eigene Überzeugungen, nicht an die Wahrnehmung von Interessen seiner Deleganten gewiesen.

Freie Repräsentation in diesem Sinn ist nicht selten die unvermeidliche Folge der Lücken oder des Versagens der Instruktion. In andern Fällen aber ist sie der sinngemäße Inhalt der Wahl eines Repräsentanten, der dann insoweit: der von den Wählern gekorene *Herr* derselben, nicht: ihr »Diener«, ist. Diesen Charakter haben insbesondere die modernen parlamentarischen Repräsentationen angenommen, welche die allgemeine Versachlichung: Bindung an abstrakte (politische, ethische) *Normen*: das Charakteristikum der legalen Herrschaft, in dieser Form teilen.

Im Höchstmaß gilt diese Eigenart für die Repräsentativ-*Körperschaften* der modernen politischen Verbände: die Parlamente. Ihre Funktion ist ohne das voluntaristische Eingreifen der *Parteien* nicht zu erklären: diese sind es, welche die Kandidaten und Programme den politisch passiven Bürgern präsentieren und durch Kompromiß oder Abstimmung innerhalb des Parlaments die Normen für die Verwaltung schaffen, diese selbst kontrollieren, durch ihr Vertrauen stützen, durch dauernde Versagung ihres Vertrauens stürzen, *wenn* es ihnen gelungen ist, die *Mehrheit* bei den Wahlen zu erlangen.

Der Parteileiter und der von ihm designierte Verwaltungsstab: die Minister, Staats- und, eventuell, Unterstaatssekretäre, sind die »politischen«, d. h. vom Wahlsieg ihrer Partei in ihrer Stellung abhängigen, durch eine Wahlniederlage zum Rücktritt gezwungenen Staatsleiter. Wo die Parteiherrschaft voll durchgedrungen ist, werden sie dem formalen Herrn: dem Fürsten, durch die Parteiwahl zum Parlament oktroyiert, der von der Herrengewalt expropriierte Fürst wird auf die Rolle beschränkt:

1. durch Verhandlungen mit den Parteien den leitenden Mann auszuwählen und formal durch Ernennung zu legitimieren, im übrigen

2. als legalisierendes Organ der Verfügungen des jeweils leitenden Parteihaupts zu fungieren.

Das »Kabinett« der Minister, d. h. der Ausschuß der Mehrheitspartei, kann dabei material mehr monokratisch oder mehr kollegial organisiert sein; letzteres ist bei Koalitionskabinetten unumgänglich, ersteres die präziser fungierende Form. Die üblichen Machtmittel: Sekretierung des Dienstwissens und Solidarität nach außen dienen gegen Angriffe stellensuchender Anhänger oder Gegner. Im Fall des Fehlens *materialer* (effektiver) Gewaltenteilung bedeutet dies System die volle Appropriation aller Macht durch die jeweiligen Parteistäbe: die leitenden, aber oft weitgehend auch die Beamtenstellen werden Pfründen der Anhängerschaft: *parlamentarische Kabinettsregierung*.

Auf die *Tatsachen*-Darlegungen der glänzenden politischen Streitschrift W. *Hasbachs* gegen dies System (fälschlich eine »politische Beschreibung« genannt) ist mehrfach zurückzukommen. *Meine* eigne Schrift über »Parlament und Regierung im neu geordneten Deutschland« hat ausdrücklich ihren Charakter als einer *nur* aus der Zeitlage heraus geborenen Streitschrift betont.

Ist die Appropriation der Macht durch die Parteiregierung nicht vollständig, sondern bleibt der Fürst (oder ein ihm entsprechender, z. B. plebiszitär gewählter, Präsident) eine Eigenmacht, insbesondre in der Amtspatronage (einschließlich der Offiziere), so besteht: *konstitutionelle Regierung*. Sie kann insbesondre bei formeller *Gewaltenteilung* bestehen. Ein Sonderfall ist das Nebeneinanderstehen plebiszitärer Präsidentschaft mit Repräsentativparlamenten: *plebiszitär-repräsentative Regierung*.

Die Leitung eines rein parlamentarisch regierten Verbandes kann andrerseits schließlich auch lediglich durch Wahl der Regierungsbehörden (oder des Leiters) durch das Parlament bestellt werden: *rein repräsentative Regierung*.

Die Regierungsgewalt der Repräsentativorgane kann weitgehend durch Zulassung der direkten Befragung der Beherrschten begrenzt und legitimiert sein: *Referendums-Satzung*.

1. Nicht die Repräsentation *an sich*, sondern die *freie* Repräsentation und ihre Vereinigung in parlamentarischen Körperschaften ist dem Okzident eigentümlich, findet sich in der Antike und sonst nur in Ansätzen (Delegiertenversammlungen bei Stadtbünden, grundsätzlich jedoch mit gebundenen Mandaten).

2. Die Sprengung des imperativen Mandats ist sehr stark durch die Stellungnahme der Fürsten bedingt gewesen. Die französischen Könige verlangten für die Delegierten zu den Etats généraux bei Ausschreibung der Wahlen regelmäßig die *Freiheit*: für die Vorlagen des Königs votieren zu können, da das imperative Mandat sonst alles obstruiert hätte. Im englischen Parlament führte die (s. Z. zu besprechende) Art der Zusammensetzung und Geschäftsführung zum gleichen Resultat. Wie stark sich infolgedessen, bis zu den Wahlrefor-

men von 1867, die Parlamentsmitglieder als einen privilegierten *Stand* ansahen, zeigt sich in nichts so deutlich wie in dem rigorosen Ausschluß der Öffentlichkeit (schwere Bußen für Zeitungen, die über die Verhandlungen berichteten, noch Mitte des 18. Jahrhunderts). Die Theorie: daß der parlamentarische Deputierte »Vertreter des ganzen Volkes« sei, *das heißt*: daß er an Aufträge nicht gebunden (nicht »Diener«, sondern eben – ohne Phrase gesprochen – Herr) sei, war in der Literatur schon entwickelt, ehe die französische Revolution ihr die seitdem klassisch gebliebene (phrasenhafte) Form verlieh.

3. Die Art, wie der englische König (und nach seinem Muster andere) durch die unoffizielle, rein parteiorientierte, Kabinettsregierung allmählich expropriiert wurde, und die Gründe für diese an sich singuläre (bei dem Fehlen der *Bureaukratie* in England, nicht so »zufällige« wie oft behauptet wird), aber universell bedeutsam gewordene Entwicklung sind hier noch nicht zu erörtern. Ebenso nicht das amerikanische plebiszitär-repräsentative System der funktionalen Gewaltenteilung, die Entwicklung des Referendums (wesentlich: eines Mißtrauensinstruments gegen korrupte Parlamente) und die in der Schweiz und jetzt in manchen deutschen Staaten damit kopulierte *rein* repräsentative Demokratie. Hier waren nur einige der Haupttypen festzustellen.

4. Die sog. »konstitutionelle« Monarchie, zu deren Wesenheiten vor allem die Appropriation der Amtspatronage einschließlich der Minister und der Kommandogewalt an den Monarchen zu zählen pflegt, kann *faktisch* der rein parlamentarischen (englischen) sehr ähnlich sein, wie umgekehrt diese einen politisch *befähigten* Monarchen keineswegs, als Figuranten, aus effektiver Teilnahme an der Leitung der Politik (Eduard VII.) ausschaltet. Über die Einzelheiten später.

5. Repräsentativ-Körperschaften sind nicht etwa notwendig »demokratisch« im Sinn der Gleichheit der Rechte (Wahlrechte) Aller. Im geraden Gegenteil wird sich zeigen, daß der klassische Boden für den Bestand der parlamentarischen Herrschaft eine Aristokratie oder Plutokratie zu sein pflegte (so in England).

Zusammenhang mit der Wirtschaft: Dieser ist höchst kompliziert und späterhin gesondert zu erörtern. Hier ist vorweg nur folgendes allgemein zu sagen:

1. Die Zersetzung der ökonomischen Unterlagen der alten Stände bedingte den Übergang zur »freien« Repräsentation, in welcher der zur Demagogie Begabte ohne Rücksicht auf den Stand freie Bahn hatte. Grund der Zersetzung war: der moderne Kapitalismus.

2. Das Bedürfnis nach *Berechenbarkeit* und Verläßlichkeit des Fungierens der Rechtsordnung und Verwaltung, ein vitales Bedürfnis des rationalen Kapitalismus, führte das Bürgertum auf den Weg des Strebens nach Beschränkung der Patrimonialfürsten und des Feudaladels durch eine Körperschaft, in der *Bürger* ausschlaggebend mitsaßen und welche die Verwaltung und Finanzen kontrollierte und bei Änderungen der Rechtsordnung mitwirken sollte.

3. Die Entwicklung des Proletariats war zur Zeit dieser Umbildung noch keine solche, daß es als *politische* Macht ins Gewicht gefallen wäre und dem Bürgertum gefährlich erschienen wäre. Außerdem wurde unbedenklich durch Zensuswahlrecht jede Gefährdung der Machtstellung der Besitzenden ausgeschaltet.

4. Die *formale* Rationalisierung von Wirtschaft und Staat, dem Interesse der kapitalistischen Entwicklung günstig, konnte durch Parlamente stark begünstigt werden. Einfluß auf die Parteien schien leicht zu gewinnen.

5. Die Demagogie der einmal bestehenden Parteien ging den Weg der Ausdehnung des Wahlrechts. Die Notwendigkeit der Gewinnung des Proletariats bei auswärtigen Konflikten und die – enttäuschte – Hoffnung auf dessen,

gegenüber den Bürgern; »konservativen« Charakter veranlaßten Fürsten und Minister überall, das (schließlich:) *gleiche* Wahlrecht zu begünstigen.

6. Die Parlamente fungierten normal, solange in ihnen die Klassen von »Bildung und Besitz«: – *Honoratioren* also, – sozusagen »unter sich waren«, rein klassenorientierte Parteien nicht, sondern nur ständische und durch die verschiedene *Art* des Besitzes bedingte Gegensätze vorherrschten. Mit dem Beginn der Macht der reinen Klassenparteien, insbesondere der proletarischen, wandelte und wandelt sich die Lage der Parlamente. Ebenso stark aber trägt dazu die Bureaukratisierung der *Parteien* (Caucus-System) bei, welche spezifisch *plebiszitären* Charakters ist und den Abgeordneten aus einem »Herrn« des Wählers zum *Diener der Führer der Parteimaschine macht*. Davon wird gesondert zu reden sein.

§ 22. 5. *Repräsentation durch Interessenvertreter* soll diejenige Art der Repräsentantenkörperschaften heißen, bei welcher die Bestellung der Repräsentanten nicht frei und ohne Rücksicht auf die berufliche oder ständische oder klassenmäßige Zugehörigkeit erfolgt, sondern nach Berufen, ständischer oder Klassen-Lage gegliedert Repräsentanten durch je ihresgleichen bestellt werden, und zu einer – wie jetzt meist gesagt wird: – »berufsständischen Vertretung« zusammentreten.

Eine solche Repräsentation kann Grundverschiedenes bedeuten

1. je nach der Art der zugelassenen Berufe, Stände, Klassen,

2. je nachdem Abstimmung oder Kompromiß das Mittel der Erledigung von Streit ist,

3. im ersteren Fall: je nach der Art der ziffernmäßigen Anteilnahme der einzelnen Kategorien.

Sie kann hochrevolutionären sowohl wie hochkonservativen Charakters sein. Sie ist in jedem Fall das Produkt der Entstehung von großen *Klassen*parteien.

Normalerweise verbindet sich mit der Absicht der Schaffung dieser Art von Repräsentation die Absicht: bestimmten Schichten das Wahlrecht zu *entziehen*. Entweder:

a) den durch ihre Zahl immer überwiegenden Massen durch die Art der Verteilung der Mandate auf die Berufe *material*,

b) den durch ihre ökonomische Machtstellung überwiegenden Schichten durch Beschränkung des Wahlrechts auf die Nichtbesitzenden *formal* (sog. *Rätestaat*).

Geschwächt wird – theoretisch wenigstens – durch diese Art der Repräsentation der ausschließliche Interessen*betrieb* (der Parteien) der Politik, wennschon, nach allen bisherigen Erfahrungen, nicht beseitigt. Geschwächt *kann*, – theoretisch – die Bedeutung der finanziellen Wahlmittel werden, auch dies in zweifelhaftem Grade. Der Charakter der Repräsentativkörperschaften dieser Art neigt zur *Führerlosigkeit*. Denn als *berufs*-mäßige Interessenvertreter werden nur solche Repräsentanten in Betracht kommen, welche ihre Zeit ganz in den Dienst der Interessenvertretung stellen können, bei den nicht bemittelten Schichten also: besoldete Sekretäre der Interessentenverbände.

1. Repräsentation mit dem *Kompromiß* als Mittel der Streitschlichtung ist *allen* historisch älteren »ständischen« Körperschaften eigen. Es herrscht heut in den »Arbeitsgemeinschaften« und überall da, wo »itio in partes« und Verhandlung zwischen den gesondert beratenden und beschließenden Einzelgremien die Ordnung ist. Da sich ein Zahlenausdruck für die »Wichtigkeit« eines Berufs nicht finden läßt, da vor allem die Interessen der Arbeiter*massen* und der (zunehmend wenigeren) Unternehmer, deren Stimmen, als besonders sachkundig, – aber allerdings auch: besonders persönlich interessiert, – irgendwie *abgesehen* von ihrer Zahl ins Gewicht fallen muß, oft weitestgehend antagonistisch sind, so ist ein formales »Durchstimmen« bei Zusammensetzung aus klassenmäßig oder ständisch sehr heterogenen Elementen ein mechanisiertes Unding: der Stimmzettel als ultima ratio ist das Charakteristikum streitender und über Kompromisse verhandelnder *Parteien*, nicht aber: von »Ständen«.

2. Bei »Ständen« ist der Stimmzettel da adäquat, wo die Körperschaft aus *sozial* ungefähr *gleich* geordneten Elementen: z. B. nur aus Arbeitern, besteht, wie in den »Räten«. Den Prototyp gibt da die Mercadanza der Zeit der Zunftkämpfe: zusammengesetzt aus Delegierten der einzelnen Zünfte, abstimmend nach Mehrheit, *aber* faktisch unter dem Druck der Separationsgefahr bei Überstimmen besonders mächtiger Zünfte. Schon der Eintritt der »Angestellten« in die Räte zeitigt Probleme: regelmäßig hat man ihren Stimmenanteil mechanisch beschränkt. Vollends wo Vertreter von Bauern und Handwerkern eintreten sollen, kompliziert sich die Lage. Sie wird durch *Stimmzettel* gänzlich unentscheidbar, wo die sogenannten »höhern« Berufe und die Unternehmer mit einbezogen werden sollen. »Paritätische« Zusammensetzung einer Arbeitsgemeinschaft mit Durch*stimmen* bedeutet: daß gelbe Gewerkschafter den Unternehmern, liebedienerische Unternehmer den Arbeitern zum Siege verhelfen: also die klassen*würde*losesten Elemente den Ausschlag geben.

Aber auch *zwischen* den Arbeitern in *rein* proletarischen »Räten« würden ruhige Zeiten scharfe Antagonismen schaffen, die wahrscheinlich eine faktische Lahmlegung der Räte, jedenfalls aber alle Chancen für eine geschickte Politik des Ausspielens der Interessenten gegeneinander bewirken würden: dies ist der Grund, weshalb die Bureaukratie dem Gedanken so freundlich gesonnen ist. Vollends bestünde die gleiche Chance für Bauernvertreter gegen Arbeitervertreter. Jedenfalls kommt jegliche *nicht* strikt revolutionäre Zusammensetzung solcher Repräsentativkörperschaften letztlich *nur* auf eine neue Chance der »Wahlkreisgeometrie« in anderer Form hinaus.

3. Die *Chancen* der »berufsständischen« Vertretungen sind nicht gering. In Zeiten der Stabilisierung der technisch-ökonomischen Entwicklung werden sie *überaus* groß sein. Dann wird das »Parteileben« aber ohnedies weitgehend abflauen. Solange diese Voraussetzung *nicht* besteht, ist selbstverständlich kein Gedanke daran, daß berufsständische Repräsentativkörperschaften die Parteien eliminieren würden. Von den »Betriebsräten« angefangen – wo wir den Vorgang schon jetzt sehen – bis zum Reichswirtschaftsrat werden im Gegenteil eine Unmasse neuer Pfründen für bewährte Parteizugehörige geschaffen, die auch ausgenützt werden. Das Wirtschaftsleben wird politisiert, die Politik ökonomisiert. Zu all diesen Chancen kann man je nach dem letzten Wertstandpunkt grundverschieden stehen. Nur: die Tatsachen liegen so und nicht anders.

Sowohl die genuine parlamentarische Repräsentation mit voluntaristischem Interessentenbetrieb der Politik, wie die daraus entwickelte plebiszitäre Parteiorganisation mit ihren Folgen, wie der moderne Gedanke *rationaler* Repräsentation durch Interessenvertreter sind dem Okzident eigentümlich und nur durch die dortige Stände- und Klassen-Entwicklung erklärlich, welche schon im Mittelalter hier, und nur hier, die Vorläufer schuf. »Städte« und »Stände« (rex et regnum), »Bürger« und »Proletarier« gab es *nur* hier.

Zu dieser Ausgabe

Der einführende Aufsatz Max Webers (hier S. 7–25) wurde von dessen Ehefrau Marianne aus dem Nachlass für den Abdruck in den *Preußischen Jahrbüchern* freigegeben. Die vorliegende Ausgabe folgt diesem Erstdruck:

> Die drei reinen Typen der legitimen Herrschaft. Eine soziologische Studie. In: Preußische Jahrbücher 187 (1922) S. 1–12.

Der Text wurde später in die *Gesammelten Aufsätze zur Wissenschaftslehre* (Weber 1988/1922) aufgenommen, zuerst 1922 von Marianne Weber herausgegeben, dann, ab der 2. Auflage 1951, von Johannes Winckelmann betreut. Winckelmann hat bis zur 6. Auflage 1985 (die 7. Auflage 1988 ist ein Nachdruck der 6. Auflage) gegenüber dem Erstdruck zahlreiche Korrekturen vorgenommen. Ein Abdruck des Aufsatzes findet sich seit 2009 auch in der *Max Weber-Gesamtausgabe* (MWG I/22,4, S. 217–228).

Der Abdruck von Kapitel III. *Die Typen der Herrschaft* (hier S. 29–153), aus Webers *Wirtschaft und Gesellschaft* folgt der von Marianne Weber herausgegebenen ersten Auflage:

> Grundriß der Sozialökonomik. III. Abteilung: Wirtschaft und Gesellschaft. Bearb. von Max Weber. Hrsg. von Marianne Weber. Tübingen: Mohr, 1922. [[1]WuG.] Erster Teil: Die Wirtschaft und die gesellschaftlichen Ordnungen und Mächte. Kapitel III: Die Typen der Herrschaft. §§ 1–22. S. 122–176.

Das Kapitel III hatte Max Weber noch kurz vor seinem Tod, am 24. Juni 1920, verfasst. Nach Marianne Webers Tod 1954 hat Johannes Winckelmann Abteilung III der *Sozialökonomik* als eigenständiges Werk unter dem Titel *Wirtschaft und Gesellschaft* mehrfach revidiert herausgegeben, zuletzt in der 5. Auflage von 1972 (⁵WuG), die seitdem, auch nach seinem Tod, unverändert nachgedruckt wurde. Im folgenden Nachwort (Abschnitt 2 mit den Anmerkungen 4–8) findet sich eine ausführliche Darstellung der Editionsgeschichte von Wirtschaft und Gesellschaft. In der *Max Weber-Gesamtausgabe* ist das Kapitel III – zusammen mit den Kapiteln I, II, und IV aus der ersten Lieferung – in einem eigenständigen Band erschienen (MWG I/23, 2013; Studienausgabe 2014).

Die beiden Texte folgen in Rechtschreibung und Zeichensetzung jeweils der genannten Druckvorlage. Offensichtliche Druckfehler wurden stillschweigend verbessert. Der Gebrauch der Anführungszeichen, insbesondere bei der Nennung von Werktiteln, wurde bei der Wiedergabe von Kapitel III, *Die Typen der Herrschaft*, vereinheitlicht; so wurden erkennbar fehlende anführende oder abführende Anführungszeichen ergänzt. Werktitel stehen in der Regel in doppelten Anführungszeichen; wo diese ausnahmsweise fehlen, von Winckelmann später jedoch ergänzt wurden, sind sie stillschweigend nach ⁵WuG korrigiert worden. Die Schreibung der Umlaute am Wortanfang (Ae, Ue, Oe) wurde generell in Ä, Ü und Ö geändert. In einer Vielzahl von Fällen steht bei »Herr« in der flektierten Form im Singular »Herren« statt richtig »Herrn«; hier wurde in die richtige Form »Herrn« vereinheitlicht. In Kapitel III, *Die*

Typen der Herrschaft, sind in der Druckvorlage ([1]WuG) die Kapitel 8–11 falsch nummeriert, nämlich als Kapitel 6–9 (die Kapitelnummern 6 und 9 wurden jeweils doppelt vergeben); auch hier wurde stillschweigend verbessert.

Gelegentliche Wortergänzungen in eckigen Klammern [ ] stammen von der Herausgeberin und dienen dem besseren Textverständnis.

Die weiteren Eingriffe sind im Folgenden aufgelistet; vor dem Lemmazeichen] steht jeweils die verbesserte Form. Sofern die Korrekturen nicht auf Weber 1988/1922 bzw. [5]WuG zurückgehen, sondern von der Herausgeberin (AM) eingefügt wurden, wird dies angegeben.

Die drei reinen Typen der legitimen Herrschaft

15,10 f. Mamelukenzeit] Mamelukkenzeit *(Korr. AM)*
16,1 ihren] ihrem
17,7 sind] ist *(Korr. AM)*
21,18 in einen] in einem
22,19 religiöse] religiösen *(Korr. AM)*
23,12 a–c] 1–3

Die Typen der Herrschaft

30,28 besitzt –] besitzt,
37,23 hierokratische] hierokratische«
41,23 (s. § 8.)] (s. § 7).
41,29 f. (7a, 3 am Schluss)] (§ 7, 1)
41,32 (§ 19 f.)] (§ 14 unten)
42,10 andernorts] andern Orts
42,14 (§ 7a am Schluß)] (§ 8)
43,24 ist] sind
44,4 Befindlichen] befindlichen
48,4 f. bestimmen] bestimmten *(Korr. AM)*

48,9 f. aber – wie bei der legalen Herrschaft –:] aber, – wie bei der legalen Herrschaft: –
49,18 s. § 7a] s. § 6
51,8 f. das … das … Gehalt] der … der … Gehalt
58,23 Verwaltungsstab, oder] Verwaltungsstab oder,
58,29 L e h e n] auf Lehre
59,36; Fall 5] Fall a
60,1 Fall 5] Fall β
63,14 f. (»Der … Mittelalters«)] (der … Mittelalters)
64,27 § 38] § 36
65,10 die die] die, die
67,1 Vorwalten] Verwalten
67,5 f. Beispiele: Für a) … Indien.] Bespiele für: a) … Indien, *(Korr. AM)*
67,22 Beamtenstabs;] Beamtenstabs,
70,27 gilt] gelten
74,15 Vertrauensmänner] der Vertrauensmänner
75,5 f. genuin charismatische] genuincharismatische
78,3 Kindes, ganz] Kindes, (ganz
80,17 f) Durch] 6. Durch
81,13 Gefolge] Gefolgen
82,8 (§ 11, d)] (§ 13, Nr. 4)
82,15 (§ 11, e)] (§ 11, Nr. 5)
87,20 f. Guru-(Directeur de l'âme-)Stellung] Guru- (Directeur de l'âme)-Stellung *(Korr. AM)*
90,19 »Zu c«] »zu c«
91,1 Lehensmäßige] Lehenmäßige
94,24 ii)] cc)
95,2 f. brahmanische) und Kayasth's (buddhistische] brahmanische und Kayasth's, buddhistische
95,3 f. konfuzianische] Konfuzianische
95,8 Wang An Schi] Wang Au Schi
95,13 f. Law) … Staats.] Law, … Staats).
96,18 f. Kokudaka] Kakadaka
96,28 so] So
97,26 Übernahme] gegen Übernahme

98,1 auch nur:] auch: nur:
98,3 einer] eines
98,19 sah) ausgeführt hat.] sah, ausgeführt hat).
99,13 zu der] an den
101,21 gar nicht] garnicht
111,27 Code Napoléon] Code Napoleon
112,1 f. Crédit mobilier] Credit mobilier
113,11 § 9, 4] § 8
117,9 lit. e] lit. c
117,23 s. unten – zugehörig.] s. unten) zugehörig.
118,11 Deutschland;] Deutschland,
121,5 fehlt,] fehlt:
121,14 f. Delegierte] Delegierten
124,7 Exemplaren;] Exemplaren.
124,11 nicht] wieder
124,28 f. Schweiz). – Die ... Repräsentationsprinzips).] Schweiz) –. Die ... Repräsentationsprinzips.
125,8 f. maßgebend.)] maßgebend).
127,18 Verwaltungsmittel] Verwaltungsmitteln
128,24 Bakufu] Bukufu
128,25 nur,] nur, –
129,3 4. durch] 3. durch
135,29 wurde,] wurde
136,25 5. Über] 3. Über *(Korr. AM)*
137,2 f. Arbeitswerbung] Arbeitswertung
137,4 5. Das] 4. Das *(Korr. AM)*

Anmerkungen

Die drei reinen Typen der legitimen Herrschaft

7,15 *»Legitimitätsgründen«:* In den in Kapitel 1 von *Wirtschaft und Gesellschaft* dargestellten *Soziologischen Grundbegriffen* (Weber 2019/1922, § 6 f.) schreibt Weber, dass die »Legitimität einer Ordnung« rein innerlich oder rein äußerlich garantiert sein kann (wobei sich beides nicht ausschließt) und dass die »legitime Geltung« einer »Ordnung« von den Handelnden aufgrund von vier Richtigkeitsvorstellungen zugeschrieben wird: a) kraft Tradition, b) kraft affektuellen und insbesondere emotionalen Glaubens, c) kraft wertrationalen Glaubens und/oder d) kraft des Glaubens an die Legalität positiver Satzung aufgrund freier Vereinbarung oder Oktroyierung von außen. Nach Weber folgt der ursprünglichste Legitimitätsglaube aus der Heilighaltung der Tradition und der heute dominierende aus der Richtigkeit formal korrekt »gesatzter« Ordnungen.

7,16 *reinen Typus:* Die Bildung reiner Typen oder von »Idealtypen« erfolgt bei Weber durch gedankliche Abstraktion und soll die Komplexität der realen Welt ordnen. Dazu wird ein als wesentlich erachtetes Kriterium wie z. B. die Rationalität eines Sachverhalts hervorgehoben und von anderen in der realen Welt ebenfalls beobachtbaren Erscheinungen abstrahiert. Diese Methode entwickelte und wandte Weber vor allem nach 1903 an, um empirische Hypothesen aufzustellen und die Abweichung von den Idealtypen in historisch-empirischen Kontexten zu problematisieren und zu erklären. Die drei reinen Typen der Herrschaft hat Weber anhand von drei Legitimitätsvorstellungen gebildet und nach der ihnen jeweils innewohnenden formalen Rationalität geordnet. Auf Basis der drei Legitimitätsvorstellungen schloss Weber auf drei reine Typen an Herrschaftsformen oder -strukturen. Vgl. weitergehend zur Bildung und zur Aufgabe von Idealtypen bzw. idealtypischen Begriffen *Die »Objektivität« sozialwissen-*

schaftlicher und sozialpolitischer Erkenntnis (Weber 1988/1904, S. 177 ff.).

7,23 f. *Der Herrschaftsverband:* Weber definiert in Kapitel 1, *Soziologische Grundbegriffe*, im ersten Halbband von *Wirtschaft und Gesellschaft* (Weber 2019/1922, § 12): »Verband soll eine nach außen regulierend beschränkte oder geschlossene soziale Beziehung dann heißen, wenn die Innehaltung der Ordnung garantiert wird durch das eigens auf deren Durchführung eingestellte Verhalten bestimmter Menschen: eines Leiters und, eventuell, eines Verwaltungsstabes, der gegebenenfalls normalerweise zugleich Vertretungsgewalt hat.« Die Existenz eines solchen ordnungsum- und durchsetzenden Handelns macht nach Weber aus einem Verband im Normalfall eine Herrschaft, weil die mögliche Erzwingung der Ordnung sich in Befehls- und Gehorsamsbeziehungen ausdrückt, die ein Charakteristikum von Verbänden sind. Folgerichtig hält Weber unter dem Titel »Macht« und »Herrschaft« (Weber 2019/1922, § 16, S. 71) weiter fest: »Ein Verband soll insoweit, als seine Mitglieder als solche kraft geltender Ordnung Herrschaftsbeziehungen unterworfen sind, Herrschaftsverband heißen.« Verbände können, wie Weber ausdrücklich hinzufügt, Vergemeinschaftung oder Vergesellschaftung sein.

7,25 *Betriebe:* In den *Soziologischen Grundbegriffen* (Weber 2019/1922, § 15, S. 69) bestimmt Weber Betriebe als »ein kontinuierliches Zweckhandeln bestimmter Art« und den »Betriebsverband [als] eine Vergesellschaftung mit kontinuierlich zweckhandelndem Verwaltungsstab« und unterscheidet als Unterformen a) den Verein, dessen »gesatzte Ordnungen« nur für die persönlich Eingetretenen gilt, und b) die Anstalt, wo die Satzung bestimmten Handlungen und Handelnden erfolgreich oktroyiert werden kann, wie dies für Staaten gilt.

7,25 *heteronomer*: Ein heteronomer Verband oder Betrieb meint nach Weber, dass die Ordnung von außen gesatzt ist, wohingegen im autonomen Verband oder Betrieb dies durch die Verbandsmitgliedern selbst erfolgt (Weber 2019/1922, § 12).

7,26 *heterokephaler*: Ein heterokephaler Verband oder Betrieb meint nach Weber (Weber 2019/1922, § 15), dass der Leiter und der Verwaltungsstab von außen eingesetzt werden, wohingegen im autokephalen Verband oder Betrieb dies innerhalb entsprechend der Ordnung geschieht.

8,15 f. *des Avancements:* (frz.) des Aufstiegs. Für Max Weber zählen klare und erwartbare Aufstiegswege zur bürokratischen Verwaltung.

8,26 f. *Betriebsdisziplin:* Weber (Weber 2019/1922, § 16, S. 70) definiert Disziplin direkt im Anschluss an den Herrschaftsbegriff als »Chance, kraft eingeübter Einstellung für einen Befehl prompten, automatischen und schematischen Gehorsam bei einer angebbaren Vielheit von Menschen zu finden.«

9,9 *autokephal:* bezeichnet Verbände oder Betriebe, in denen der Leiter und der Verwaltungsstab – im Gegensatz zu heterokephalen Betrieben – innerhalb und entsprechend der Ordnung bestellt werden (Weber 2019/1922, § 15).

11,1 f. *Vergemeinschaftung:* Im frühen Kategorienaufsatz (Weber 1988/1913; vgl. auch Anm. zu 7,26) unterscheidet Weber Vergesellschaftung von Vergemeinschaftung über die Orientierung der Handelnden an einer Ordnung und der damit verbundenen höheren objektiven Bestandschance. In den *Soziologischen Grundbegriffen* in Kapitel 1 im Ersten Halbband von *Wirtschaft und Gesellschaft* (Weber 2019/1922) unterscheidet Weber Formen sozialen Handelns und sozialer Beziehungen nach dem formalen Rationalitätsgrad und definiert Vergemeinschaftung als affektuell oder traditional orientiertes soziales Handeln und Vergesellschaftung als wert- oder zweckrational orientiertes soziales Handeln (vgl. dazu ausführlicher Maurer 1999, S. 60 ff.; Lichtblau 2000). Die Marktvergesellschaftung ist demnach ein zweck- oder wertrationaler Interessenausgleich und der Zweck-Herrschafts-Verband in Form des Nationalstaats oder der kapitalistischen Dauerunternehmung eine zweck- oder wertrationale Interessenverbindung (Weber 2019/1922, § 9, S. 54 ff.).

11,29 *Vasallen:* Bezeichnung für Lehnsmänner im Mittelalter, die sich in den Dienst eines Lehnsherrn begaben und von diesem Schutz erhielten.

11,29 f. *Tributärfürsten:* siegreichen Herrschern gegenüber zur Abgabe verpflichtete (tributäre) Fürsten. Weber verwendet diesen Terminus auch in seinen religionssoziologischen Arbeiten zur Beschreibung des Feudalsystems in China (Weber 1988/1920–21, Bd. 1).

13,4 f. *appropriierten:* Appropriation: (lat.) Aneignung; im Lehnsrecht ursprünglich die Beendigung des Lehnsverhältnisses durch die Aufhebung der Rechte des Lehnsherrn; Weber bezeichnet damit die Aneignung von wirtschaftlichen und sozialen Chancen Einzelner oder einer Gemeinschaft. In den weiteren Ausführungen zur traditionalen Herrschaft nutzt Weber das Kriterium der Appropriation von Verwaltungsmitteln, um die ständische von der patriarchalen Herrschaft dadurch zu unterscheiden, dass in der ersteren Form der Verwaltungsstab im Besitz der Verwaltungsmittel ist (Appropriation) und im zweiten nicht. Der Begriffe Appropriation bzw. appropriieren und die Konjugationen bzw. Ableitungen werden von Weber im Text nicht immer klar und eindeutig verwendet.

13,13 *non evocando, non appellando:* (lat.) im Mittelalter das vom Kaiser an einen Territorialherrn verliehene Recht, den Untertanen verbieten zu können, sich an den Kaiser als erste gerichtliche (Privilegium de non evocando) bzw. als nächsthöhere gerichtliche Instanz (Privilegium de non appellando) wenden zu können.

14,5 f. *Truchseß … Hausmeier:* Truchseß: ursprünglich verantwortlich für die höfische Tafel sowie das Gesinde; Kämmerer: Verwalter der Schatzkammer; Marschall: ursprünglich Pferdeknecht, später: Heerführer; Schenke: ursprünglich Aufseher über den höfischen Weinkeller; Seneschall: höchster Hofbeamter; Hausmeier: Vorsteher des Gesindes und eventuell der Vasallen; vgl. auch Kapitel III, *Die Typen der Herrschaft*, § 7, hier S. 49 ff.

14,20 *»Kadijustiz«:* ein von Weber geprägter Begriff; Kadi (Qādī): islamischer Rechtsgelehrter, der sich bei der Rechtsprechung nicht an einem allgemeinen Recht, sondern am Einzelfall orientiert.

15,13 *patriarchalen Herrschaft:* Vgl. dazu die ausführlichere Beschreibung Webers in Kapitel III, *Die Typen der Herrschaft*, § 7a, hier S. 54.

16,18 f. *Vergemeinschaftung:* Max Weber hat sich früh mit allgemeinen Gemeinschaftsformen wie der Hausgemeinschaft, den ethnischen Gemeinschaften, Marktgemeinschaften und politischen bzw. religiösen Gemeinschaften beschäftigt. In seinem Spätwerk *Wirtschaft und Gesellschaft* hat er dann vor allem deren Beziehungen zur Wirtschaft dargelegt (vgl. dazu auch den mit einem Nachwort von Wolfgang Mommsen abgerundeten Text in MWG I/22,1).

17,31 *Sohm:* Rudolph Sohm, *Kirchenrecht*, 2 Bde., München 1892, Bd. 1, S. 6, 26 ff., 216 ff., Bd. 2, S. 176 ff., 380 f. (Nachweis in Winckelmann 1973, Anm. 160, S. 528); vgl. dazu auch die Angaben in Shils 1968.

18,8 *»Wirtschaftshäuptling«:* Der Begriff weist in historisch-anthropologischen Arbeiten und bei Weber auf die Zuweisung wirtschaftlicher Aufgaben auf einen von mehreren Stammeshäuptlingen hin. Er wird heute im alltäglichen politischen Sprachgebrauch mitunter für Manager verwendet.

18,21 *Perikles und Ephialtes:* Ephialtes und der jüngere Perikles traten ab etwa 460 v. Chr. für umfassende demokratische Reformen in Athen ein. Auf Perikles geht die Einführung von »Sitzungsgeldern« zurück, die ärmeren Bevölkerungsteilen Teilhabe ermöglichen sollte.

19,9 *Gaben des Kleon:* Kleon vertrat nach dem Tode des Perikles 429 v. Chr. die Stärkung des Demos in Athen; vgl. Anm. zu 18,21.

19,27 *Zwickauern:* Gemeint sind die »Zwickauer Propheten«, ein Kreis philosophisch-religiös orientierter Personen aus Zwickau, die in der Frühzeit der Reformation gegen die Obrigkeit in Zwickau auftraten und sich ab 1521 in Wittenberg niederließen, wo Luther ihnen kritisch begegnete. Berühmt wurde später vor allem der den Zwickauern nahestehende Thomas Müntzer als Führer von Bauernaufständen.

21,15 *schützen:* später von Johannes Winckelmann (Weber 1988/1922) in »schufen« korrigiert.

21,19 f. *appropriierten:* angeeigneten; vgl. Anm. zu 13,4 f.

23,15 f. *»Primogeniturerbrecht«:* Erstgeborenenrecht.

23,29 f. *Hierurgie:* Messfeier, Liturgie.

24,4 *character indelebilis:* (lat.) unauslöschliches Merkmal; gemeint ist, dass ein einmal empfangenes Sakrament (der Taufe, der Firmung, hier: der Priesterweihe) unwiderruflich ist und unabhängig von persönlichen Verfehlungen wirkt und Bestand hat; vgl. die Anmerkungen in Winckelmann 1973, S. 528.

24,14 *Prätendenten:* Person, die für sich ein Amt oder eben eine Herrschaftsnachfolge in Anspruch nimmt.

Die Typen der Herrschaft

29,2 *Kap. 1, § 16:* Kapitel 1, *Soziologische Grundbegriffe*, im ersten Halbband von *Wirtschaft und Gesellschaft* (Weber 2019/1922, § 16, S. 70): »Macht bedeutet jede Chance, innerhalb einer sozialen Beziehung den eignen Willen auch gegen Widerstreben durchzusetzen, gleichviel worauf diese Chance beruht. Herrschaft soll heißen die Chance, für einen Befehl bestimmten Inhalts bei angebbaren Personen Gehorsam zu finden; Disziplin soll heißen die Chance, kraft eingeübter Einstellung für einen Befehl prompten, automatischen und schematischen Gehorsam bei einer angebbaren Vielheit von Menschen zu finden.«

29,17 f. *Verwaltungsstab, s. Kap. 1, § 12:* Kapitel 1, *Soziologische Grundbegriffe*, im ersten Halbband von *Wirtschaft und Gesellschaft* (Weber 2019/1922, § 16); Weber definiert dort den »Verband« als eine nach außen regulierend beschränkte oder geschlossene Beziehung, in der die Ordnung garantiert wird durch das Handeln eines eigens darauf orientierten Leiters und Verwaltungsstabs.

29,23 *affektuell:* Weber unterscheidet in Kapitel 1, § 2, der *Soziologischen Grundbegriffe* (2019/1922) vier Typen des Handelns entlang des Rationalitätsgrades und definiert das affektuelle Handeln als von aktuellen Gefühlslagen oder Emotionen bestimmt.

31,22 f. *Obödienzverhältnis:* von lat. *oboedientia* ›der Gehorsam‹ (engl. *obedience*); der Begriff wird insbesondere verwendet, um den Gehorsam von Kirchenleuten gegenüber ihrer Obrigkeit zu bezeichnen.

31,26 f. *Natürlich … Übergang flüssig:* Vgl. die Hinweise zur Methode der idealtypischen Begriffsbildung bei Weber in Anm. zu 7,16.

34,12 *Rudolph Sohms:* vgl. Anm. zu 17,31.

34,14 *Holl in »Enthusiasmus und Bußgewalt«:* Karl Holl, *Enthusiasmus und Bußgewalt beim griechischen Mönchtum. Eine Studie zu Symeon dem neuen Theologen*, Leipzig 1898.

40,2 *Kap. IV:* Gemeint ist Kapitel IV, *Stände und Klassen*, im Ersten Halbband von *Wirtschaft und Gesellschaft*, das Weber mit den ersten drei Kapiteln an seinen Verleger Siebeck 1920 liefern wollte und auch noch für den Druck durchgesehen, wenngleich nicht vollendet hatte.

40,19 *»Kaplanokratie«:* meint im Weber'schen Sinn die nach der 1870 proklamierten Gewalt des Papstes über die gesamte katholische Kirche (Universalepiskopat, Unfehlbarkeitsdogma) sich entwickelnde bürokratisch-zentralistische Struktur der katholischen Kirche, die Bischöfe und Priester als Beamte eines Betriebes ansieht (vgl. [1]WuG, Zweiter Halbband, Kapitel IX, *Soziologie der Herrschaft*, Abschnitt 8, § 3).

42,10 *andernorts (Kap. IV):* Gemeint ist wohl das unvollendet gebliebene Kapitel IV, *Stände und Klassen*, im Ersten Halbband von *Wirtschaft und Gesellschaft*.

42,12 *Kondottieren:* Kondottiere: aus dem Italienischen stammende Bezeichnung für den Führer eines Söldnerheers im Mittelalter.

42,18 f. *Davon später im einzelnen:* In den späten Arbeiten Webers finden sich zu diesem Thema keine weiteren Ausführungen mehr.

44,17 *rationale Sozialismus:* Weber hat insbesondere im ersten Halbband, Kapitel II, *Soziologische Grundkategorien des Wirtschaftens* (dort z. B. in den §§ 13 f.), die sozialistische Planwirtschaft mit der privat-kapitalistischen Verkehrs- oder Marktwirtschaft verglichen und letzterer aufgrund der Orientierung der Unternehmer an Marktpreisen ein höheres Maß an formaler Rationalität der Produktion und Verteilung nachgefragter Güter und Leistungen zugeschrieben.

45,2 *s. Kap. II, § 12:* Gemeint ist Kapitel II, *Soziologische Grundkategorien des Wirtschaftens*, § 12, im Zweiten Halbband von *Wirtschaft und Gesellschaft*, wo Weber die geldlose Naturalwirtschaft mit der Geldwirtschaft vergleicht.

46,6 *Plutokratisierung:* Plutokratie: ein schon bei Sokrates zur Beschreibung der Herrschaft durch Reiche und Reichtum verwendeter Begriff. An dieser Stelle ist die zunehmende Finanzierung der Fachschulung durch privaten Reichtum gemeint.

49,28 *Kolonen:* Pächter kleiner Höfe, die auch für ihren Herrn Dienste zu verrichten hatten.

51,17 *Sportelchancen:* Die Sportel ist eine für das Mittelalter typische Form der Beamtenentlohnung im Orient und Abendland.

52,26 f. *jus evocandi:* (lat.) Recht des ›Herausrufens‹; Recht des Königs, jeden noch nicht entschiedenen Prozess an sein königliches Gericht zu ziehen und dort entscheiden zu lassen.

53,4 *(s. u.):* Gemeint ist § 12a, hier S. 84.

53,10 f. *präbendaler:* Präbende: auch Pfründe, Einkommen aus einem kirchlichen Amt.

55,12 *Schechs:* Schech: alte Bezeichnung für Scheich.

57,4 *Kap. IV:* Gemeint ist Kapitel IV, *Stände und Klassen*, im Ersten Halbband von *Wirtschaft und Gesellschaft*.

57,21 *equipieren sich:* (frz.) sich ausstatten.

59,19 *jagirdar:* Im indischen Lehenssystem erhielten die Jagirdari (Vasallen) Land als Lehen (Jagir) und mussten im Gegenzug Heerfolge für den lokalen Herrscher leisten. Sie unterhielten dafür eigene Heere, für deren Ausstattung sie verantwortlich waren. Im Laufe der Zeit stiegen sie zu erblichen Grundherren auf und hatten als Heerführer erheblichen Einfluss.

60,16 *Nepoten-Renten:* Einnahmen aus Ämtern, die der Versorgung der Mitglieder der Kurie dienten.

61,8 *Kap. IV:* Gemeint ist das Kapitel IV, *Stände und Klassen*, im Ersten Halbband von *Wirtschaft und Gesellschaft*.

63,14 *v. Below (»Der … Mittelalters«):* Georg von Below, *Der deutsche Staat im Mittelalter. Ein Grundriß der deutschen Verfassungsgeschichte*, Leipzig 1914.

63,24 *Haller's »Restauration der Staatswissenschaften«:* Karl Ludwig von Haller, *Restauration der Staats-Wissenschaft oder Theorie des natürlich-geselligen Zustands der Chimäre des künstlich-bürgerlichen entgegengesezt*, 6 Bde., Winterthur 1816–34.

64,27 *Kap. II, § 38:* Gemeint ist Kapitel II, § 38, »Die Finanzierung politischer Verbände«, im Ersten Halbband von *Wirtschaft und Gesellschaft*.

64,30 *Oikos:* (altgriech.) meint die antike Haus- und Gutswirtschaft, in der zur Selbstversorgung gewirtschaftet wurde. Der Zweck der Oikos-Wirtschaft ist die Selbstversorgung und nicht Profit. Die Begriffe Ökonomie und Ökologie leiten sich davon ab.

65,2 *Fronden:* Frondienste; persönliche Dienstleistungen, die dem Herrn erbracht werden müssen.

65,27 *Kap. II, § 31:* Gemeint ist Kapitel II, § 31, »Typische Richtungen ›kapitalistischer‹ Orientierung des Erwerbs«, im Ersten Halbband von *Wirtschaft und Gesellschaft.*

70,1–3 *Auf die Quelle … einzugehen sein:* Solche Erläuterungen Webers sind nicht bekannt.

71,1 *Kurt Eisner:* K. E. (1867–1919) war ein Zeitgenosse Max Webers und ist heute als Anführer der bayerischen Revolution von 1918, als erster bayerischer Ministerpräsident und als führender Sozialdemokrat der Jahrhundertwende bekannt. Vor dem Ersten Weltkrieg war Eisner als Journalist und Schriftsteller tätig. Max Weber lebte und lehrte selbst seit 1919 in München und nahm auch zu den politischen Umbrüchen Stellung (vgl. Weber 1988/1921).

78,12 *Shofetim:* (hebr.) Richter; Leseabschnitt der Tora (Dtn 16,18–21,9), in dem es u. a. um die Einsetzung von unbestechlichen Richtern und Beamten sowie um die Pflichten des Königs und wahre und falsche Propheten geht.

78,18 *»interrex«:* (lat.) Zwischenkönig; in der Römischen Republik ein Mitglied des Senats, der die Konsulwahlen leitete, wenn die bisherigen Konsuln dazu beide nicht mehr in der Lage waren. Nach römischem Rechtsverständnis musste das konsularische *auspicium* (Recht der Vogelschau, aber auch: Machtbefugnis) in einer ununterbrochenen Kette von Konsul zu Konsul weitergegeben werden.

79,10 *Kautelen:* (die) Kautel: vertragliche Absicherung oder Schutzklausel.

80,2 f. *Primogeniturerbrechts:* Das erstgeborene Kind tritt das Erbe an; weitere Kinder bleiben unberücksichtigt.

80,18 *hierurgische:* den Ritus betreffende, liturgische.

80,26 *character indelebilis:* (lat.) unauslöschliches Merkmal; vgl. Anm. zu 24,4.

80,28 f. *Donatismus:* Donatisten: nach Donatus, Bischof von Karthago, benannte nordafrikanische christliche Gemeinschaft im 4./5. Jh. Anders als die westliche Kirche machte sie die Gültigkeit der Sakramente (Taufe, Eucharistie, Firmung, Priesterweihe) von der Heiligkeit dessen abhängig, der sie spendet.

80,29 *Montanismus:* nach Montanus benannte prophetische christliche Bewegung, die im 2. Jh. in Kleinasien entstand und sich im 6. Jh. schließlich auflöste; die Montanisten glaubten, die Wiederkunft Christi stehe unmittelbar bevor, und lebten in strenger Weltabgeschiedenheit und Askese.

80,29 f. *puritanischen (täuferischen) Revolution:* Die puritanische Bewegung in England trat für eine Reform der Kirche nach reformierten bzw. calvinistischen Grundätzen, aber auch für politische Reformen ein. Die Opposition gegen das Königshaus führte zu einem blutigen Bürgerkrieg (1642–49) unter Führung von Oliver Cromwell, der schließlich als Lordprotektor von England, Schottland und Irland eine religiös intolerante Diktatur führte. – Das Täufertum entwickelte sich als radikaler Zweig der Reformation. Vgl. dazu auch die Ausführungen von Max Weber (2017/1904–5).

81,1 f. *»Mietling« der Quäker:* Mietling: in Joh 10,12 ein Fremder, der gegen Bezahlung einen Hirtendienst übernimmt; in übertragenem Sinn bezeichneten Quäker die Pfarrer der Amtskirchen als »Mietlinge«.

82,5 *Kap. IV:* Hier kann Weber nur das unvollendete Kapitel IV, *Stände und Klassen* (insbes. § 3), im Ersten Halbband von *Wirtschaft und Gesellschaft*, gemeint haben, wo sich allerdings nur Stände bzw. ständische Lage über die Art der Lebensführung und formale Erziehungsweise definiert finden. Vgl. die Ausführungen zur charismatischen Erziehung in Kapitel IV und X im Zweiten Halbband von [1]WuG bzw. Kapitel V und X in [5]WuG.

83,6 *Kap. IV:* Gemeint ist das Kapitel IV, *Stände und Klassen*, im Ersten Halbband von *Wirtschaft und Gesellschaft*.

84,27 *s. Religionssoziologie:* In [1]WuG ist die *Religionssoziologie* im Zweiten Teil als Kapitel IV und in [5]WuG im Ersten Halbband als Kapitel V abgedruckt. Vgl. dazu auch *Gesammelte Aufsätze zur Religionssoziologie*, in 3 Bänden veröffentlicht (Weber 1988/1920–21).

86,33 *wie erwähnt:* Gemeint ist § 11, c, in Kapitel III.

87,10 *U. Stutz:* Weber scheint sich hier auf Ulrich Stutz (1868–1938), einen bekannten Rechtshistoriker und Kirchenrechtler, und dessen Arbeit *Der Erzbischof von Mainz und die deutsche Königswahl. Ein Beitrag zur deutschen Rechts- und Verfassungsgeschichte*, Weimar 1910, zu beziehen, in der die Designation Konrads II. zum deutschen König 1026 behandelt wird.

87,19 *gemutet:* muten: ein Lehen beim Lehensherrn erneuern (meist im Todesfall).

87,21 *repartierten:* (lat./frz.) ein vor allem im Börsenhandel verwendeter Begriff, der zugeteilte, bzw. aufgeteilte Anteile bezeichet.

87,35 *»stirps regia«:* (lat.) königliche Abstammung; gemeint ist ein erbcharismatisch begründetes Königtum.

88,1 *Pedigree-Studien:* (engl./frz.) Studien, den Stammbaum betreffend.

91,14 *»Felonie«:* (lat.) meint den schwerwiegenden Treuebruch in einem Lehensverhältnis.

91,25 *Subinfeudation:* Recht der Lehnsnehmer, das Lehen weiter zu übertragen (vgl. zum Lehns- und Feudalsystem auch Weber 1991/1923, S. 69 ff.).

92,13 f. *nulle Legre sans seigneur:* (frz.) kein Lehen ohne Lehnsherr; der Lehnsherr muss im Fall des Todes des Lehnsnehmers das Lehen innerhalb einer Frist wieder vergeben. Ursprünglich lautet der Grundsatz aus dem französischen Lehnsrecht: *Nulle terre sans seigneur* – »Kein Land ohne Lehnsherr«; in [5]WuG wurde so korrigiert.

94,28 f. *Bakufu des Schapun [Shôgun]:* Bakufu: ›Zeltregierung‹ (im Gegensatz zum Kaiserhof); gemeint ist die Regierung eines Shôgun. Shôgunate waren bis 1868 in Japan dominant.

94,29 *Daimyo's:* Die Daimyô waren lokale Fürsten in Japan und formal dem Shôgunat, der Regierung des jeweiligen Shôgun – dem militärischen Anführer der Samurai, unterstellt. Zu den Pflichten, die der Shôgun den Daimyô auferlegte, gehörte auch die Präsenz am Regierungssitz Edo (heute Tokio). Im Falle der eigenen Abwesenheit musste die Familie anwesend sein (vgl. auch Weber 1988/1920–21, Bd. 2, S. 605).

95,2 *Kayasth's:* Die Kayasthas oder Kayashts sind eine hohe Kaste in Indien, die eine Untergruppe zu den Brahmanen bildet; sie waren ursprünglich die Schreiberkaste, also verantwortlich für das Verfassen von weltlichen Dokumenten und Aufzeichnungen. Im Mogulreich hatten sie meist hohe Verwaltungsämter inne.

95,5 *s. Kap. IV:* Gemeint ist das Kapitel IV, *Stände und Klassen*, im Ersten Halbband von *Wirtschaft und Gesellschaft*.

95,8 *Wang AnSchi:* Gemeint ist der im 11. Jh. in China lebende und politisch aktive Literat, Ökonom und Staatsmann Wang Anshi (auch: An-shi oder Anshi; Nachname ist Wang).

95,17 *Kondottieren:* Der Kondottiere (Plural: Kondottieri) ist der von den italienischen Stadtstaaten (Venedig, Florenz, Genua) des Mittelalters und der Renaissance beauftragte Führer eines Söldnerheers.

96,13 *Schi Hoang Ti:* Qin Shi Huang Di (auch: Qin Shihuangdi; 259–210 v. Chr.) Begründer der Qin-Dynastie und erster Kaiser Chinas.

96,18 f. *Kokudaka:* (jap.) ›Höhe an Koku (Reis)‹; altes japanisches System zur Berechnung eines Vermögens (Koku war die Menge Reis, die ein Erwachsener in einem Jahr verzehrt, umgerechnet in Geld).

96,28 *Sipahi:* Reiter im Osmanischen Reich, die ein Lehen erhielten, das an ihre Aufgaben gebunden und nicht übertragbar und vererbbar war.

98,15 f. *Zaminder-, Jagirdar-und Tulukdar-Grundherrschaften:* Die Zamindari und Talukdari waren ehemalige indische Großgrundbesitzer, die für den jeweiligen regionalen Herrscher (später auch für die Briten) Steuern eintrieben. Zu den Jagirdari vgl. Anm. zu 59,19.

98,17 *Becker:* Carl Heinrich Becker (1876–1933) war ein deutscher Orientalist und Politiker (1921 und 1925–30 auch preußischer Kultusminister); Weber bezieht sich hier auf dessen Aufsatz »Steuerpacht und Lehnswesen. Eine historische Studie über die Entstehung des islamischen Lehnswesens«, in: *Der Islam* 5 (1914) H. 1, S. 81–92.

99,21 *Polis-Feudalismus:* von Weber verwendeter Begriff zur Bezeichnung von befestigten Siedlungen, die mit der Aneignung spezifischer Rechte und von Boden vor allem im frühen Altertum in Griechenland verbunden waren.

99,22 *Synoikismus:* Zusammenwachsen von Einzelwirtschaften (*oikos*); vgl. Anm. zu 64,30.

101,6 f. *Leiturgiestaat:* auch: leiturgische Organisation der Staatsaufgaben; der Begriff umschreibt den Sachstand, dass sich der Staat bei der Durchführung seiner Aufgaben nicht eines Steuersystems bedient, sondern Berufsgruppen in »Zünften« organisiert, die Leistungen für den Staat erbringen, was nach Weber im Okzident durch die privat-wirtschaftliche Verkehrswirtschaft abgelöst wird (vgl. dazu auch Weber 1991/1923, S. 127 und 180 ff.). Allgemein werden darunter auch – in der griechischen Antike – Dienstleistungen wohlhabender Bürger für die Gemeinschaft verstanden.

101,15 *Kap. IV:* Gemeint ist Kapitel IV, *Stände und Klassen*, im Ersten Halbband von *Wirtschaft und Gesellschaft.*

104,25 f. *der bisher legitimen Herrschaft bei uns:* Weber bezieht sich hier auf die konstitutionelle Monarchie in Deutschland bis 1918.

105,4 f. *wie erwähnt:* in der vorliegenden Ausgabe § 5, S. 42 ff., [1]WuG/[5]WuG, S. 128 ff.; dort wird vor allem die bürokratische Herrschaft dargestellt. Weber könnte damit auch die auf der vorherigen Seite beschriebenen Kämpfe zwischen Verwaltungsstab und Herren gemeint haben.

105,15 *des gegenwärtigen Umsturzes:* Gemeint ist die Revolution 1918/19.

105,29 f. *Kapitel über die Theorie der Umwälzungen:* Die hier von Weber angekündigten Kapitel sind nicht mehr ausgearbeitet worden (vgl. dazu insbes. Hennis 2003).

106,9 *Angiovinen:* Mitglieder des Hauses Anjou, das sich nach dem Untergang des Stauferreichs unter Karl I. von Anjou in Süditalien etablierte (Königreich Sizilien).

106,11 *7. Die herrschaftsfremde Umdeutung des Charisma:* In der Erstauflage [1]WuG sind Kapitel 7–11 falsch nummeriert. Die Kapitelzählung wurde im Text korrigiert, die Korrektur jeweils in die Emendationsliste aufgenommen.

107,18 *Plebiszit:* (lat./frz.) Referendum, Volksentscheid.

108,6 f. *Dalai Lama und Taschi Lama:* die beiden geistlichen Führer des tibetischen Buddhismus (Lamaismus); beide Vorsteher wichtiger Klöster, der Dalai Lama zudem auch (der 14. Dalai Lama bis zu seinem Exil 1959) Staatsoberhaupt von Tibet.

108,20 f. *Aisymneten:* Schiedsrichter in Griechenland im 7./6. Jh., die die Bürgerschaft bei schweren Konflikten einsetzte und mit Generalvollmacht ausstattete.

108,22 f. *Capitano del popolo:* politisches Amt in den italienischen Stadtkommunen des Mittelalters; es wurde im Gegensatz zum Podestà, dem Magistrat bzw. Gouverneur, der immer aus dem Adel stammte, aus den Reihen der bürgerlichen Mittelschicht besetzt. Der Capitano del popolo sorgte als Gegenspieler zum Podestà für einen deutlichen Machtzuwachs des (wohlhabenden) Bürgertums gegenüber dem Adel.

108,23 f. *Zürcher demokratische Diktatur:* Weber nennt hier als Beispiel die in Zürich 1868 verabschiedete und bis heute weitgehend in der Schweiz gültige Verfassung, in der das Parlament in seinen Aufgaben weitgehend auf Beratung beschränkt wird und die gesetzgeberische Entscheidungsgewalt weitgehend auf das Volk übertragen und in Form von direkten Abstimmungen praktiziert werden soll. Weber hat mit seinen Ausführungen über die direkte Demokratie auf die zentrale Frage der Gestaltung von Entscheidungsverfahren hingewiesen und dazu aufgefordert, Referenden, Volksabstimmungen usw. nicht nur in ihren positiven wie negativen Folgen zu analysieren, sondern dies auch mit anderen demokratischen Verfahren zu vergleichen (vgl. aktuell dazu Croissan [u. a.] 2017).

108,24 *Diktatur Cromwells:* vgl. Anm. zu 80,29 f. Mit Oliver Cromwell (1599–1658) bringt Weber hier das Beispiel eines aus der Provinz stammenden Politikers, der nach Abschaffung der englischen Monarchie selbst zum Lordkanzler avancierte, diktatorähnlich regierte und letztendlich die konstitutionelle Monarchie wieder einführte. Mit ihm sind religiöse (Protestantismus) und soziale Reformen ebenso verbunden wie der blutige englische Bürgerkrieg, der den Sozialtheoretiker Thomas Hobbes (1558–1679) zu seinem wegweisenden Werk über die Notwendigkeit einer zentralen Staatsgewalt (Hobbes 1966 [1651]) motivierte.

108,25 f. *der plebiszitäre Imperialismus in Frankreich:* Max Weber nennt die beiden Napoleons an dieser Stelle als Beispiele für charismatische Führer, deren allmächtige Herrscherstellung zumindest teilweise durch Wahlen legitimiert war und damit auch durch Wahlentscheidungen entzogen werden konnte. Vor allem Napoleon Bonaparte (1769–1821), bekannt als Kaiser Napoleon I., der vom General kleinadliger Herkunft zum revolutionären Diktator und schließlich zum gewählten Kaiser der Franzosen aufgestiegen war, steht bis heute für einen charismatischen Führer, der im Zuge vor allem außenpolitischer Misserfolge abdanken musste und ins Exil verbannt wurde.

109,28 *»autokephale«:* vgl. Anm. zu 7,26.

109,34 *Committees:* Max Weber scheint hier das englische Wort *committee* anstelle des deutschen ›Komitee‹ verwendet zu haben.

111,4 *(»Kadi«-)Justiz:* vgl. Anm. zu 14,20.

112,1 *»enrichissez-vous«:* (frz.) »bereichert euch«; wohl ein Zitat des französischen Politikers François Guizot (1787–1874), der in einer Rede 1843 vor den Abgeordneten davon sprach, dass auch die Mehrung des persönlichen Reichtums zur Grundlage gesellschaftlichen Fortschritts gehöre. Das Zitat wurde immer wieder von Kapitalismuskritikern aufgegriffen.

112,1 f. *Crédit mobilier:* eigentlich Société Générale du Crédit Mobilier; eine französische Bank, die 1852 mit Förderung von Louis Napoleon (später Napoleon III.) gegründet wurde und vor allem industrielle Großprojekte finanzierte. Crédit mobilier entwickelte sich schnell zu einem großen, europaweit operierenden Mischkonzern und gilt als Vorläufer der modernen Aktienbank. Unter anderem führten Spekulationen mit österreichischen Staatspapieren schließlich dazu, dass die Bank 1867 liquidiert wurde.

112,3 f. *perikleischen und nachperikleischen Zeit:* die Zeit während und nach der Regentschaft des Perikles in Athen im 5. Jh. v. Chr.; unter Perikles entwickelte sich die attische Demokratie zur politischen und kulturellen Blüte; vgl. Anm. zu 18,21.

112,9 *Heliaia:* das oberste Gericht des antiken Athens.

113,26 f. *Von diesen ... zu reden (§ 16):* § 16 im Ersten Halbband behandelt Gewaltenteilung.

114,6 *Kassationsinstanzen:* nächsthöhere Instanzen, die Urteile aufzuheben vermögen.

114,9 *Tribun:* Volkstribune im antiken Rom waren für ein Jahr gewählte politische Amtsträger, die die Plebejer vertraten und auch von diesen gewählt wurden. Volkstribune hatten ein Vetorecht, mit dem sie alle Senatsentscheidungen in Rom außer Kraft setzen konnten. Bis auf das Einbringen von Anträgen in der Volksversammlung und die Einberufung des Senats hatten sie allerdings nur »unterbindende« Macht.

114,9 *Ephore:* Aufsichtsbeamter im antiken Sparta. Ephoren waren mit weitreichenden Machtbefugnissen und Aufgaben (bei der Gesetzgebung, im Rechts- und Finanzwesen und in der Außenpolitik) ausgestattet. Sie waren den Königen von Sparta zur Seite gestellt und konnte diese sogar anklagen.

114,10 *capitano del popolo:* vgl. Anm. zu 108,22 f.

114,20 f. *Leistungs-Kollegialität:* [5]WuG hat an dieser Stelle die Einfügung »[als kollegiale Leistungsverbindung = technische Kollegialität]«.

115,9 *primus inter pares:* (lat.) der Erste unter Gleichen, dem allerdings meist eine besondere Ehrenstellung zukommt. Aktuelle Beispiele sind noch die Dekane in Fachbereichen bzw. auch Präsidenten an Universitäten.

117,21 f. *»Gerusien« … Areopag … »patres«:* In der Antike kannte man sowohl in Sparta (Gerusia) als auch in Athen (Areopag) und Rom (*patres*) die Einrichtung eines Rates (der Ältesten) als Gerichts- und Regierungsorgan. Es handelte sich dabei meist um eine Versammlung aus Oberhäuptern der ältesten Familien, die beratende bzw. verhindernde Funktion hatte.

118,12 *Anzianen:* Ältestenräte in oberitalienischen Städten; sie wurden ab dem 13. Jh. zu Kontrollbehörden, welche die Amtsträger in ihrer Herrschaftsausübung einschränkten und kontrollierten.

120,19 *Kap. IV:* Gemeint ist Kapitel IV, *Stände und Klassen*, im Ersten Halbband von *Wirtschaft und Gesellschaft*.

120,29 *tiers état:* in Frankreich der Dritte Stand, zu dem Bauern und freie Bürger gehörten.

121,16 *Phylen, Phratrien:* Im Griechenland der Antike war die Phyle

(»Stamm«) ein Bürgerverband bzw. später eine Verwaltungseinheit der Polis; sie bestand wiederum aus verschiedenen Phratrien (»Bruderschaften«, nachbarschaftlichen Gemeinschaften).

121,18 *consules:* in den italienischen Stadtgemeinden des Mittelalters die Ratsherren bzw. die gewählten Mitglieder des Stadtrats.

121,18 *Mercadanza:* Rat des Volkes (vgl. hier § 22, 5; außerdem [1]WuG/[5]WuG, Zweiter Halbband, 7. Abschnitt).

121,30 *Dazu … notwendig:* vgl. § 18.

123,6 *Nobili oder Signoren:* Nobili bezeichnet die vornehme, aus dem Adel stammende politische Führungsschicht in Venedig. Die Signori waren meist, aber nicht immer adliger Abstammung; sie regierten in den mittelalterlichen italienischen Kommunen als Stadtherren und begründeten so oft eine Dynastie (z. B. die d'Este in Ferrari und Modena oder die Medici in Florenz).

124,5 *Interzession der par potestas:* das Recht Ranggleicher im republikanischen Rom, gegen Amtshandlungen der anderen einzuschreiten (vgl. dazu auch die *Rechtssoziologie* Webers, Kapitel VII, § 1, im Zweiten Halbband von *Wirtschaft und Gesellschaft*).

125,3 *neuen badischen Verfassung:* Gemeint ist die demokratische Verfassung von 1919.

125,33 f. *Reform des Kaiser[s] Max:* Weber spielt hier auf die umfassenden Verwaltungsreformen Kaiser Maximilians I. (1459–1519) an, die u. a. beinhalteten, dass eine reichsweite Steuer von einem Beamtenapparat und nicht mehr wie vorher vom Adel eingetrieben werden sollte.

126,11 *des alten Regimes:* Gemeint ist die konstitutionelle Monarchie bis 1918.

126,12 f. *Satrapenkampf:* Satrap: Statthalter größerer Provinzen (Satrapien) im antiken Persien.

126,29 *Großvesier:* früher in muslimischen Staaten der vom Kalifen bzw. Sultan eingesetzte Regierungschef (ähnlich etwa einem Ministerpräsidenten).

128,14 f. *Kaiser Maximilian:* Gemeint ist Kaiser Maximilian I; vgl. Anm. zu 125,33 f. Reform des Kaiser[s] Max.

128,23 *Exchequer:* Chancellors of the Exchequer sind seit Beginn des

19. Jh. im britischen Regierungssystem die Schatzkanzler, die manchmal auch Premierminister sind.

128,24 *Divane:* Als Diwan wird der Staatsrat in muslimischen Ländern bezeichnet. Er setzt sich aus den wichtigsten und angesehensten Personen zusammen.

128,24 *Yamen:* Lokalbehörde im chinesischen Kaiserreich (heute vergleichbar etwa einem Landratsamt).

128,24 *Bakufu:* vgl. Anm. zu 94,28.

129,28 *Hanlin-Akademie:* im 8. Jh. in China gegründete kaiserliche Verwaltungs- und Wissenschaftsakademie, deren Mitglieder aus der chinesischen Bildungselite kamen.

135,14 f. *Guelfen und Ghibellinen in Italien im 13. Jahrh.:* Die Guelfen (Welfen) unterstützten in der Regel den Papst, während die gegnerische Partei der Ghibellinen (Waiblinger, nach der schwäbischen Stauferstadt Waiblingen) für den staufischen Kaiser Partei ergriff.

137,2 f. *Arbeitswerbung:* Weber verweist hier auf die formal freie Wahl von Arbeitskräften – parallel zur formal freien Auswahl von Parteimitgliedern und Politikern. In der Originalausgabe von 1922 steht an dieser Stelle – wohl versehentlich – Arbeitswertung. Vgl. dazu die Liste der Emendationen, S. 158.

137,5 *Paul Singer:* Berliner Fabrikant (1844–1911), der als Mäzen der Sozialdemokratischen Partei eingeschätzt wird und ihr auch als Mitglied angehörte (vgl. dazu Grebing/Heimann 2012, S. 23).

137,8 f. *russische (Kerenskij-)Revolution*: Nach der Absetzung des Zaren war der bürgerlich Politiker Alexander Fjodorowitsch Kerenski (1881–1970) Mitglied der russischen Übergangsregierung von Februar bis Oktober 1917.

139,13 *nordamerikanische town-ship:* Weber bezieht sich hier auf seine Erfahrungen und Beobachtungen während seiner Amerikareise 1903 und beschreibt kleine kommunal-politische Gebiete (vgl. Maurer 2017); der Begriff wird heute eher mit abgegrenzten Gebieten in Südafrika verbunden, in denen die dunkelhäutige Bevölkerung separiert lebt.

141,9 *Kap. IV:* Gemeint ist das unvollendet gebliebene Kapitel IV, *Stände und Klassen*, im Ersten Halbband von Wirtschaft und Gesellschaft.

141,20 *»meliores« … Ratspatriziats:* Vor allem in Städten wie Lübeck und Hamburg setzte sich der Rat der Stadt aus der reichen Oberschicht und den Kaufleuten (Meliores) zusammen, während Patrizier im antiken Rom die Angehörigen der adligen Oberschicht bezeichneten. Vgl. allgemein zur personellen Rekrutierung der Politik und der politischen Organisation in verschiedenen Kulturen auch WuG, Zweiter Halbband, Kapitel IX, *Soziologie der Herrschaft*, Abschnitt 1, §§ 2–3.

143,2 f. *Kap. I, § 11:* In Kapitel I, *Soziologische Grundbegriffe*, § 11, im Ersten Halbband von *Wirtschaft und Gesellschaft*, schreibt Weber, dass »bestimmte Arten des Handelns« bestimmten Beteiligten einer sozialen Beziehung zugerechnet werden und ihnen zum Vorteil oder Nachteil gereichen können (Weber 2019/1922, S. 61).

143,17 f. *Kastenschreschths:* Schreschth: in Indien »Ältester«.

144,11 *κατ' ἐξοχὴν:* (griech., *kat' exochèn*) vorzugsweise.

144,26 *»cahiers des doléances«:* (frz.) In den vor allem im 18. Jh. in Frankreich gebräuchlichen Cahiers de Doléance (Beschwerdehefte und -schriften) konnten die Wähler bzw. Bürger ihre Beschwerden und Verbesserungsvorschläge an die Abgeordneten der Ständeversammlung adressieren (imperatives Mandat).

146,27 *Streitschrift W. Hasbachs:* Wilhelm Hasbach, *Die parlamentarische Kabinettsregierung. Eine Beschreibung*, Stuttgart/Berlin 1919.

146,29 f. *Meine … »Parlament … Deutschland«:* Webers Schrift *Parlament und Regierung im neugeordneten Deutschland. Zur politischen Kritik des Beamtentums und Parteiwesens* (München 1918) findet sich auch in der von Johannes Winckelmann herausgegebenen und in verschiedenen Auflagen verfügbaren Sammlung der *Gesammelten politischen Schriften* Webers (Weber 1988/1921). Vgl. dazu weiterführend auch Mommsen 2015 oder Lepsius 2016, S. 143 ff.

147,27 *Etat généraux:* (frz.) Generalstände; die erstmals im 14. Jh. vom französischen König einberufene Versammlung von Vertretern aller drei Stände: Adel, Klerus, Dritter Stand.

152,4 *»itio in partes«:* (lat.) das Auseinandertreten von Parteien vor Abstimmungen (es wird dann getrennt nach Parteien abgestimmt).

153,29 *rex et regnum:* In der Antike bezeichnete lat. *rex* zunächst einen Inhaber der militärischen Gewalt und späterhin auch den König. Weber greift den lange verhandelten Dualismus zwischen Staat und Gesellschaft, wie er im Begriffspaar *rex et regnum* zum Ausdruck kommt, hier auf und bezieht ihn auf die neue Stände- und Klassenstruktur des modernen Okzidents, die eine rationale Interessenvertretung erlaubt.

Literaturhinweise

Ausgaben

Weber 1921 Grundriß der Sozialökonomik. III. Abteilung: Wirtschaft und Gesellschaft. Erster Teil: Die Wirtschaft und die gesellschaftlichen Ordnungen und Mächte. Bearb. von Max Weber. Hrsg. von Marianne Weber. Tübingen: Mohr, 1921.

Weber 1922 Die drei reinen Typen der legitimen Herrschaft. Eine soziologische Studie. In: Preußische Jahrbücher 187 (1922) S. 1–12. – Auch in: Weber 1988/1922, S. 146–214; Winckelmann 1973, S. 151–166 [gekürzt]; MWG I/22,4, S. 726–742.

¹WuG Grundriß der Sozialökonomik. III. Abteilung: Wirtschaft und Gesellschaft. Bearb. von Max Weber. Hrsg. von Marianne Weber. [Zwei Halbbände.] Tübingen: Mohr, 1922. – Darin: Erster Halbband. Erster Teil: Die Wirtschaft und die gesellschaftlichen Ordnungen und Mächte. Kapitel III: Die Typen der Herrschaft. §§ 1–22. S. 122–176.

⁵WuG Max Weber: Wirtschaft und Gesellschaft. Grundriß der verstehenden Soziologie. 5., rev. Aufl. bes. von Johannes Winckelmann. Tübingen: Mohr, 1972 [u. ö.]. – Darin: Erster Halbband. Erster Teil: Soziologische Kategorienlehre. Kapitel III: Die Typen der Herrschaft. §§ 1–22. S. 122–176.

MWG I/19 Max Weber Gesamtausgabe. Bd. I/19: Die Wirtschaftsethik der Weltreligionen Konfuzianismus und Taoismus. Schriften 1915–1920. Hrsg. von Helwig Schmidt-Glintzer in Zsarb. mit Petra Kolonko. Tübingen: Mohr Siebeck, 1991.

MWG I/22,1 Max Weber Gesamtausgabe. Bd. I/22: Wirtschaft und Gesellschaft. Die Wirtschaft und die gesellschaftlichen Ordnungen und Mächte. Nachlaß. Teilbd. 1: Gemeinschaften. Hrsg. von Wolfgang Mommsen in Zsarb. mit Michael Meyer. Tübingen: Mohr Siebeck, 2009.

MWG I/22,4 Max Weber Gesamtausgabe. Bd. I/22: Wirtschaft und Gesellschaft. Die Wirtschaft und die gesellschaftlichen Ordnun-

gen und Mächte. Nachlaß. Teilbd. 4: Herrschaft. Hrsg. von Edith Hanke in Zsarb. mit Thomas Kroll. Tübingen: Mohr Siebeck, 2009. [Darin auf S. 726–742 der Aufsatz *Die drei reinen Typen der legitimen Herrschaft*.]
MWG I/23 Max Weber Gesamtausgabe. Bd. I/23: Wirtschaft und Gesellschaft. Soziologie. Unvollendet. 1919–1920. Hrsg. von Knut Borchardt, Edith Hanke und Wolfgang Schluchter. Tübingen: Mohr Siebeck, 2013.
Weber, Max: Gesammelte Werke [auf CD-ROM]. Mit dem Lebensbild von Marianne Weber. Berlin: Directmedia Publ.; Tübingen: Mohr Siebeck, 2007. (Digitale Bibliothek. 58.)

Weitere Schriften Max Webers

Weber 1988/1922 Gesammelte Aufsätze zur Wissenschaftslehre. [Ab der 2. Aufl.:] Hrsg. von Johannes Winckelmann. Tübingen: Mohr Siebeck, 71988. (UTB 1492.) [Nachdruck der 6., erneut durchges. Aufl. 1985.] – Zuerst: Hrsg. von Marianne Weber. Tübingen: Mohr, 1922.
Weber 1988/1904 Die »Objektivität« sozialwissenschaftlicher und sozialpolitischer Erkenntnis. In: M. W.: Gesammelte Aufsätze zur Wissenschaftslehre. S. 146–214. – Zuerst in: Archiv für Sozialwissenschaft und Sozialpolitik 19 (1904) S. 22–87.
Weber 1988/1920–21 Gesammelte Aufsätze zur Religionssoziologie. 3 Bde. Hrsg. von Marianne Weber. Tübingen: Mohr Siebeck, 7–91988. (UTB 1488–90.) – Zuerst: Ebd. Tübingen: Mohr, 1920–21.
Weber 1988/1921 Gesammelte politische Schriften. Hrsg. von Johannes Winckelmann. Tübingen: Mohr, 51988. (UTB 1491.) [Nachdr. der 4. Aufl. 1980.] – Zuerst: Hrsg. von Marianne Weber. München: Drei Masken Verlag, 1921. Dann: Mit einem Geleitwort von Theodor Heuss. Neu hrsg. von Johannes Winckelmann. 2., erw. Aufl. Tübingen: Mohr, 1958. – 3., erneut verm. Aufl. Ebd. 1971. 41980.
Weber 1991/1923 Wirtschaftsgeschichte. Abriß der universalen Sozial- und Wirtschaftsgeschichte. Aus den nachgelassenen Schriften hrsg. von Sigmund Hellmann. 5., unveränd. Aufl. Berlin: Duncker & Humblot, 1991. [11923.]

Weber 1992 Politik als Beruf. Nachwort von Ralf Dahrendorf. Stuttgart: Reclam, 1992. (Universal-Bibliothek. 8833.) – Zuerst: Geistige Arbeit als Beruf. Vier Vorträge. 1920. Berlin: Duncker & Humblodt.

Weber 2017/1904–04 Die protestantische Ethik und der »Geist« des Kapitalismus. Hrsg. von Andrea Maurer. Stuttgart: Reclam, 2017. (Universal-Bibliothek. 19447.) – Zuerst in: Archiv für Sozialwissenschaft und Sozialpolitik. 20 (1904) S. 1–54. [Teil I.] Ebd. 21 (1905) S. 1–110. [Teil II.]

Weber 2019/1922 Soziologische Grundbegriffe. Hrsg. von Andrea Maurer. Stuttgart: Reclam, 2019. (Universal-Bibliothek. 19537.) – Zuerst: Kapitel I. In: [1]WuG. §§ 1–17. S. 1–30.

Weiterführende Literatur

Albrow, Martin: Bürokratie. Aus dem Engl. von Ulrike Roeckl. München 1970. – Engl. Orig.-Ausg.: Bureaucracy. London 1970.

Allerbeck, Klaus: Zur formalen Struktur einiger Kategorien der verstehenden Soziologie. In: Kölner Zeitschrift für Soziologie und Sozialpsychologie 34 (1982) S. 665–676.

Anter, Andreas: Theorien der Macht. Zur Einführung. Hamburg 2012. [Einführend zur Herrschaftsthematik mit Bezug auf Weber.]

– / Breuer, Stefan (Hrsg.): Max Webers Staatssoziologie. Positionen und Perspektiven. 2., überarb. Aufl. Stuttgart 2016.

Bader, Veit M. [u. a.] (Hrsg.): Einführung in die Gesellschaftstheorie. Gesellschaft, Wirtschaft und Staat bei Marx und Weber. Frankfurt a. M. 1976.

Becher, Matthias [u. a.] (Hrsg.): Macht und Herrschaft transkulturell. Vormoderne Konfigurationen und Perspektiven der Forschung. Bonn 2018.

Bendix, Reinhard: Max Weber – Das Werk. Darstellung, Analyse, Ergebnisse. München 1964. [Zu Person und Werk von Max Weber.]

– Reflections on Charismatic Leadership. In: State and Society. A Reader in Comparative Political Sociology. Hrsg. von R. B. [u. a.]. Boston 1968. S. 616–619.

Borchardt, Knut [u. a.]: Zur Edition von *Wirtschaft und Gesellschaft*. Allgemeine Hinweise der Herausgeber der Max Weber-Gesamtausgabe. In: MWG I/23–1, S. VII–XVII.
Breuer, Stefan: Der Staat. Entstehung, Typen, Organisationsstadien. Reinbek b. Hamburg 1998.
– »Herrschaft« in der Soziologie Max Webers. Wiesbaden [2]2011.
– Kritische Theorie: Schlüsselbegriffe, Kontroversen, Grenzen. Tübingen 2016.
Croissan, Aurel [u. a.] (Hrsg.): Demokratie, Diktatur, Gerechtigkeit. Festschrift für Wolfgang Merkel. Wiesbaden 2017.
Dahrendorf, Ralf: Der moderne Konflikt. Essay zur Politik oder Freiheit. Stuttgart 1992.
DiMaggio, Paul J. / Powell, Walter W.: The Iron Cage Revisited. In: American Sociological Review 48 (1983) S. 147–160.
Eisenstadt, Shmuel N. (Hrsg.): Max Weber. On Charisma And Institution Building. Selected Papers. Chicago 1968.
Gebhardt, Winfried [u. a.] (Hrsg.): Charisma. Theorie – Religion – Politik. Berlin [u. a.] 1973.
Gephart, Werner / Witte, Daniel (Hrsg.): Recht als Kultur? Beiträge zu Max Webers Soziologie des Rechts. Frankfurt a. M. 2017.
Gerth, Hans H. / Mills, C. Wright: From Max Weber. Essays in Sociology. Neuausg. London [u. a.] 1991. [[1]1946.]
Gneuss, Christian / Kocka, Jürgen (Hrsg.): Max Weber. Ein Symposion. München 1988.
Grebing, Helga / Heimann, Siegried (Hrsg.): Arbeiterbewegung in Berlin. Der historische Reiseführer. Berlin 2012.
Hanke, Edith / Mommsen, Wolfgang (Hrsg.): Max Webers Herrschaftssoziologie. Studien zu Entstehung und Wirkung. Tübingen 2001. [Zur Herrschaftssoziologie bei und nach Max Weber.]
Hennis, Wilhelm: Max Webers Fragestellung. Studien zur Biographie des Werks. Tübingen 1987.
– Max Weber und Thukydides. Nachträge zur Biographie des Werks. Tübingen 2003.
Hernes, Gudmund: Hobbes and Coleman. In: Social Theory and Social Policy. Essays in Honor of James S. Coleman. Hrsg. von Aage B. Sørensen und Seymour Spilerman. Westport [u. a.]. 1993. S. 93–104.

Hobbes, Thomas: Leviathan oder Stoff, Form und Gewalt eines bürgerlichen und kirchlichen Staates [1651]. Neuwied 1966.

Horkheimer, Max / Adorno, Theodor W.: Dialektik der Aufklärung. Philosophische Fragmente. Amsterdam 1947.

Kaesler, Dirk: Max Weber. Eine Einführung in Leben, Werk und Wirkung. Frankfurt a. M. [u. a.] 2003. [Zu Person und Werk von Max Weber.]

Kalberg, Stephen: Deutschland und Amerika aus der Sicht Max Webers. Wiesbaden 2013.

Kaube, Jürgen: Max Weber. Ein Leben zwischen den Epochen. Berlin 2014. [Zum zeitgeschichtlich-politischen Handlungskontext von Max Weber.]

Kocka, Jürgen (Hrsg.): Max Weber, der Historiker. Göttingen 1986.

Koselleck, Reinhard: Herrschaft. In: Geschichtliche Grundbegriffe. Historisches Lexikon zur politisch-sozialen Sprache in Deutschland. Hrsg. von Otto Brunner. Bd. 3. Stuttgart 1982. S. 1–102.

Kroll, Thomas: Max Webers Idealtypus der charismatischen Herrschaft und die zeitgenössische Charisma-Debatte. In: Max Webers Herrschaftssoziologie. Studien zu Entstehung und Wirkung. Hrsg. von Edith Hanke und Wolfgang J. Mommsen. Tübingen 2001. S. 47–72.

Lepsius, M. Rainer: Max Weber in München. In: Zeitschrift für Soziologie 6 (1977) S. 91–118.

– Max Weber und seine Kreise. Essays. Tübingen 2016. [Zum zeitgeschichtlich-politischen Handlungskontext von Max Weber.]

Lessenich, Stephan: Grenzen der Demokratie. Teilhabe als Verteilungsproblem. Ditzingen 2019. (Reclams Universal-Bibliothek. 19625.)

Lichtblau, Klaus: »Vergemeinschaftung« und »Vergesellschaftung« bei Max Weber. In: Zeitschrift für Soziologie 29/6 (2000) S. 423–443.

Maurer, Andrea: Herrschaft und soziale Ordnung. Kritische Rekonstruktion und Weiterführung der individualistischen Theorietradition. Opladen 1999.

– Herrschaftssoziologie. Eine Einführung. Frankfurt a. M. [u. a.] 2004. [Einführend zur Herrschaftsthematik mit Bezug auf Weber.]

Maurer, Andrea: Nachwort. In: Weber, Max: Die protestantische Ethik und der Geist des Kapitalismus. Hrsg. von A. M. Stuttgart 2017. S. 270–301.

– Herrschaft und Macht: ein altes Thema neu konturiert. In: Macht und Herrschaft transkulturell. Hrsg. von Matthias Becher, Stephan Conermann und Linda Dohmen. Bonn 2018. S. 59–90. [Zur Herrschaftssoziologie bei und nach Max Weber.]

Mayntz, Renate: Soziologie der Organisation. Reinbek b. Hamburg 1963.

Mayntz, Renate (Hrsg.): Bürokratische Organisation. Köln 1968.

Moebius, Stephan / Ploder, Andrea: Handbuch Geschichte der deutschsprachigen Soziologie. 3 Bde. Wiesbaden 2018/19.

Mommsen, Wolfgang: Max Weber und die deutsche Politik 1890–1920. 2., überarb. und erw. Aufl. Tübingen 1974. [[1]1959.]

– Max Weber's »Grand Sociology«. The Origins and Composition of *Wirtschaft und Gesellschaft*. Soziologie. In: History and Theory 39 (2000) S. 364–383.

– Max Weber. Gesellschaft, Politik und Geschichte. Frankfurt a. M. [5]2015. [[1]1974.]

– / Osterhammel, Jürgen (Hrsg.): Weber and his Contemporaries. London 1987.

Müller, Hans-Peter / Sigmund, Steffen (Hrsg.): Max Weber Handbuch. Leben – Werk – Wirkung. Stuttgart 2014. [Zu Person und Werk von Max Weber.]

Offe, Claus / Wiesenthal, Helmut: Two Logics of Collective Action. Theoretical Notes on Social Class and Organizational Form. In: Political Power and Social Theory 1 (1980) S. 67–115.

Peukert, Detlev J.: Die Rezeption Max Webers in der Geschichtswissenschaft der Bundesrepublik Deutschland. In: Max Weber, der Historiker. Hrsg. von Jürgen Kocka. Göttingen 1986. S. 264–277.

Scaff, Lawrence A.: Weber and Weberians. New York 2014.

Scharpf, Fritz W.: Interaktionsformen. Akteurzentrierter Institutionalismus in der Politikforschung. Opladen 2000.

Schluchter, Wolfgang: Aspekte bürokratischer Herrschaft. Frankfurt a. M. 1985. [Zuerst: München 1972.]

Schluchter, Wolfgang: Die Entstehung des modernen Rationalismus. Eine Analyse von Max Webers Entwicklungsgeschichte des Okzidents. Frankfurt a. M. 1998.

– (Hrsg.): Max Weber-Gesamtausgabe. Bd. 24: Max Weber. *Wirtschaft und Gesellschaft.* Entstehungsgeschichte und Dokumente. Tübingen 2009.

Shils, Edward: Charisma, Order and Status. American Sociological Review 30 (1956) S. 199–212.

– »Charisma«. In: International Encyclopedia of the Social Sciences. Bd. 2: Bank – Coll. New York [u. a.] 1968. S. 386–390.

Sigrist, Christian: Regulierte Anarchie. Untersuchung zum Fehlen und zur Entstehung politischer Herrschaft in segmentären Gesellschaften. Olten 1967.

Swedberg, Richard: The Changing Picture of Max Weber's Sociology. In: Annual Review of Sociology 29 (2003) S. 283–306.

Wagner, Gerhard / Zipprian, Heinz (Hrsg.): Max Webers Wissenschaftslehre. Interpretation und Kritik. Frankfurt a. M. 1994. [Zu den methodologischen Konzepten Max Webers.]

Weber, Marianne: Vorwort. In: [1]WuG. S. XXXII.

Wehler, Hans-Ulrich: Das analytische Potential des Charisma-Konzepts. Hitlers charismatische Herrschaft. In: Max Webers Staatssoziologie. Positionen und Perspektiven. Hrsg. von Andreas Anter und Stefan Breuer. 2., überarb. Aufl. Stuttgart 2016. S. 177–191.

Weiß, Johannes: Max Webers Grundlegung der Soziologie. München 1975. [Zu den methodologischen Konzepten Max Webers.]

– (Hrsg.): Max Weber heute. Erträge und Probleme der Forschung. Frankfurt a. M. 1989.

Whimster, Sam (Hrsg.): The Essential Weber. A Reader. London [u. a.] 2004.

– / Lash, Scott (Hrsg.): Max Weber. Rationality and Modernity. London [u. a.] 2006.

Winckelmann, Johannes (Hrsg.): Max Weber. Soziologie, Universalgeschichtliche Analysen, Politik. Mit einer Einleitung von Eduard Baumgarten. 5., überarb. Aufl. Stuttgart 1973.

Internetquellen

Website der Deutschen Gesellschaft für Soziologie – Geschichte der Vereinigung: https://www.soziologie.de/dgs-geschichte/

Website der Deutschen Gesellschaft für Soziologie – Max Weber und die Gründung. Beitrag von Rainer M. Lepsius: https://www.soziologie.de/de/die-dgs/geschichte/max-weber-und-die-gruendung-der-deutschen-gesellschaft-fuer-soziologie/

Nachwort

1 Herrschaft: ein Grundthema der Sozialwissenschaften

Neuere Ereignisse und Entwicklungen in Wirtschaft, Politik und Gesellschaft rücken die Legitimation und Formen der Herrschaftsausübung in den modernen Gesellschaften immer wieder in das Rampenlicht wissenschaftlicher und öffentlicher Debatten. Wer dafür nach sozialwissenschaftlichen Grundlagen, Begriffen und analytischen Zugängen sucht, der oder die findet im Werk von Max Weber einige wichtige Bezugspunkte und weiterführende Hinweise. Max Weber (21. April 1864 – 14. Juni 1920) hat kurz vor seinem Tod 1920 die Ausbreitung von Unternehmen, Parteien und Nationalstaaten als die zentrale Erscheinung bzw. den Kristallisationspunkt der Rationalisierung in der modernen Welt beschrieben. Er hat weiterhin in politischen Schriften, Reden und Zeitungsartikeln zu Fragen der Staatsverfassung und damit zu Demokratisierung und Parlamentarismus ausführlich und kritisch Stellung genommen.[1] Er hat wie kein anderer moderner Sozialwissenschaftler die Formen und Folgen von Herrschaft in verschiedenen Kulturkreisen und historischen Epochen beschrieben und analysiert. Und er hat nicht zuletzt durch seine definitorische Abgrenzung der Herrschaft von Macht einen entscheidenden Beitrag zur Ausarbeitung der Herr-

1 Vgl. dazu die klassische Sammlung politischer Schriften Webers (1921b, 1992). Vgl. zu deren zeitgeschichtlicher Einordnung Lepsius 1977; Mommsen 1974 sowie Mommsen und Osterhammel 1987.

schaftssoziologie geleistet. Die Frage nach der Anerkennung von Herrschaft durch die Beherrschten bestimmt nach wie vor die sozialwissenschaftliche und soziologische Forschungsperspektive. Trotz der nicht einfachen Editionsgeschichte und der Breite des Werkes und seiner Ausführungen zu Herrschaft beziehen sich bis heute Sozialwissenschaftlerinnen und Sozialwissenschaftler auf der ganzen Welt auf Webers Arbeiten. Die Typologie der drei reinen Formen legitimer Herrschaft darf zurecht als ein wegweisendes Konzept der modernen Sozialwissenschaften gelten.

2 Text- und Editionsgeschichte

Die hier getroffene Textauswahl[2] verdeutlicht einerseits die Konstruktion und die Ziele der Herrschaftstypologie und andererseits die damit verbundenen empirischen Thesen und Anwendungsfelder. Für den vorliegenden Band wurden die späten Schriften von Max Weber ausgewählt, da sie den letzten autorisierten Stand darstellen. Es handelt sich um die beiden zeitgleich verfassten Arbeiten *Die drei reinen Typen der legitimen Herrschaft* (Erstdruck 1922) und *Die Typen der Herrschaft* (Erstdruck 1921 bzw. 1922).[3]

2 Für die vorliegende Textsammlung wurde auf einen Abdruck der Einleitung zur Wirtschaftsethik der Weltreligionen verzichtet, in der sich auch auf einigen wenigen Seiten herrschaftssoziologische Überlegungen finden, die aber zwischen 1913 und 1915 entstanden und so den frühen Arbeiten zuzurechnen sind (vgl. Hanke 2001, S. 40 f.; MWG I/19, S. 31).

3 Beide Texte wurden für diese Ausgabe neu ediert und kommentiert.

Der Aufsatz *Die drei reinen Typen der legitimen Herrschaft* wurde von Marianne Weber unmittelbar nach Webers Tod für eine Veröffentlichung in den *Preußischen Jahrbüchern* freigegeben und dort 1922 abgedruckt. Der zweite Text wurde von Weber als Kapitel III für seinen Handbuchbeitrag *Wirtschaft und Gesellschaft* verfasst und ist überschrieben mit *Die Typen der Herrschaft.* Entstanden ist der Text zwischen 1918 und 1920; er wurde erst posthum in einer von Marianne Weber durchgesehenen Fassung an den Verleger Paul Siebeck gesandt und 1921 bzw. 1922 erstmals veröffentlicht. Weber hatte wohl noch weitere Texte zum Thema Demokratie, Parteien und Recht vorgesehen, zumindest deuten einige Verweisstellen im Text darauf hin.

Max Weber war 1898 schwer erkrankt und aus dem laufenden Universitätsbetrieb ausgeschieden. Erst 1903 nahm er seine wissenschaftliche Tätigkeit wieder auf und beschäftigte sich fortan neben methodologischen Prinzipien und der Religionssoziologie (Maurer 2017) ab 1908 mit Politik, Herrschaft und insbesondere der Verfassung moderner Nationalstaaten. Weber hat auch Anfang 1909 auf Anfrage des Verlegers Paul Siebeck die Herausgeberschaft eines »Handbuchs für politische Ökonomie« übernommen, zu dem er einen eigenen Beitrag beisteuern wollte. Dieses Handbuch erschien mit seinem Beitrag (»Wirtschaft und Gesellschaft«[4]) unter dem Titel *Grundriß der Sozialökono-*

4 Max Weber sandte selbst Teile seines Manuskripts zwischen September 1919 und April 1920 zum Verlag, nahm noch Einschübe und Korrekturen vor und hat auch die Druckfahnen der ersten drei Kapitel noch durchgesehen. Es existieren mehrere gedruckte Fassungen: a) als Teil des *Grundriß*-Beitrags (Weber 1921, hrsg. von Marianne Weber), b) als Kapitel III in der ersten Auflage von *Wirtschaft*

mik nach seinem Tod. Im Februar 1921 sandte Marianne Weber als »erste Lieferung« (so der Sprachgebrauch zwischen Max Weber und seinem Verleger Paul Siebeck) die Kapitel I bis IV an den Verlag. Diese erschienen im *Grundriß der Sozialökonomik* als Abteilung III *Wirtschaft und Gesellschaft. Erster Teil. Die Wirtschaft und die gesellschaftlichen Ordnungen und Mächte* (Weber 1921).[5] Erst durch die Publikation ein Jahr später und ergänzt durch nachgelassene Manuskripte wurde *Wirtschaft und Gesellschaft* als Hauptwerk geschaffen.[6] Max Weber hat die Struktur seines Beitrags für den *Grundriß der Sozialökonomik* mehrfach abgeändert, was der Briefwechsel mit seinem Verleger Paul Siebeck deutlich macht (vgl. Schluchter 2009, S. 90 f., sowie die Darstellung in MWG I/23, S. 228). Sein Anliegen

und Gesellschaft (1922 = ¹WuG, hrsg. von Marianne Weber), c) in der 4. und 5., rev. Auflage von *Wirtschaft und Gesellschaft* (1956 und 1972 = ⁵WuG, hrsg. von Johannes Winckelmann) und d) in der Max Weber-Gesamtausgabe (2013 = MWG I/23, hrsg. von Knut Borchardt, Edith Hanke und Wolfgang Schluchter).

5 Für die aus dem Handbuch ausgegliederte, eigenständige Publikation von *Wirtschaft und Gesellschaft* (1922 = ¹WuG) hat Marianne Weber die ersten vier Kapitel durch nachgelassene und nachträglich redigierte Manuskripte ergänzt und in zwei Halbbänden angeordnet. Das hat zwar letztlich ein Gesamtwerk definiert, aber auch lange Kontroversen hervorgerufen (vgl. Schluchter 2009, S. 93 ff.).

6 Marianne Weber nahm – ihren eigenen Angaben zufolge – für die erste Auflage Korrekturen wie die Erstellung des Inhaltsverzeichnisses, Ergänzung der Kolumnentitel und Verweise vor und korrigierte auch noch kleinere Fehler in der zweiten Auflage. Die 4. und die bis heute weitgehend verwendete 5. Auflage hat Johannes Winckelmann herausgegeben; die nachträglichen Korrekturen im Kapitel III können nach der erfolgten Durchsicht als minimal eingeschätzt werden (vgl. dazu die Emendationen, hier S. 156 ff.).

blieb aber die Entwicklung allgemeiner soziologischer Begriffe und einer sozialökonomischen Perspektive, die Wirtschaft, Politik, Recht und Gesellschaft verbindet und ihre Basis in einer sozialwissenschaftlichen Methodologie finden sollte.[7] Weber entwickelte dafür in Kapitel I soziologische Grundbegriffe, in Kapitel II soziologische Kategorien des Wirtschaftens, in Kapitel III die Typen der Herrschaft[8] und im unvollendeten Kapitel IV Definitionen für Stände und Klassen.

Die beiden abgedruckten Texte stehen in engem Zusammenhang miteinander und zu Kapitel I in *Wirtschaft und Gesellschaft*, wo sich auch die bekannte Herrschaftsdefinition findet: »Herrschaft soll heißen die Chance, für einen Befehl bestimmten Inhalts bei angebbaren Personen Gehorsam zu finden […]« (¹WuG bzw. Weber 2019/1922, § 16, S. 70). Die posthume Veröffentlichung und die Ergänzung des Ersten Halbbands durch die von Marianne Weber nachträglich zusammengestellten und bearbeiteten frühen Herrschaftstexte im Zweiten Halbband (¹WuG) war und ist von intensiven Debatten über das Verhältnis der älteren (Zweiter Halbband) zur jüngeren Herrschaftssoziologie (Erster Halbband) begleitet. Der im Rahmen der Neuedi-

7 Max Weber hat *Wirtschaft und Gesellschaft* als Titel befürwortet (Borchardt/Hanke/Schluchter 2013; Hanke/Mommsen 2001). Nicht klar überliefert ist indessen, welche weiteren Teile er noch geplant hatte (vgl. dazu den »Stoffentwicklungsplan« in MWG I/23, S. 228, sowie die offenen Verweise im hier abgedruckten Text).

8 Das Kapitel III wurde in den Jahren 1919 bis 1920 neu konzipiert und ist gegenüber den älteren Texten systematischer und vor allem eindeutig auf die *Soziologischen Grundbegriffe* in Kapitel I bezogen (vgl. MWG I/23, S. 94–101).

tion beider Texte vorgenommene Vergleich der verschiedenen Textfassungen hat zwar deutlich gezeigt, dass sich die verschiedenen Editionen des Kapitel III sowie auch des Typenaufsatzes nur durch minimale Fehlerkorrekturen unterscheiden, dass aber die Hinzufügung der »älteren« Texte durch Marianne Weber und Melchior Palyi doch einen wesentlichen Eingriff darstellt.

3 Die Herrschaftssoziologie: Typen, Thesen, Anwendungen

Der Herrschaftstypologie liegt die These zugrunde, dass die Art der Richtigkeitsvorstellungen, und die darauf beruhenden Gehorsamsmotive, für die Erwartbarkeit und Stabilität – mithin die formale Rationalität – einer Herrschaft ursächlich ist. Die Typologie präsentiert drei reine Typen legitimer Herrschaft, in denen, jeweils von der Art der Legitimitätsvorstellungen ausgehend, verschiedene Formen der Herrschaftsausübung und der daraus folgenden sozialen Effekte typisierend und als kausale Zusammenhänge dargestellt werden. Den sich innerhalb der drei Herrschaftstypen ausbildenden sozio-ökonomischen Interessenlagen zwischen den Mitgliedern des Verwaltungsstabs und den Inhabern der Herrengewalt spricht Weber eine kausale Wirkung für die Ausübung und die Folgen einer Herrschaft zu und analysiert diese auch konkret für verschiedene Kulturkreise und Epochen (vgl. auch Anter/Breuer 2016; Mommsen 2015). Daraus folgt auch seine These vom Siegeszug der legalen Herrschaftsverbände mit bürokratischen Stäben. Die Aufgabe der Typologie und der einzelnen Typen klärt Weber eindeutig in § 2: »Daß keiner der drei, im folgenden zunächst zu erörternden, Idealtypen historisch wirklich ›rein‹ vorzukommen pflegt, darf natürlich hier sowenig wie sonst die begriffliche Fixierung in möglichst reiner Ausprägung hindern« ('WuG, Erster Halbband, Kapitel III, hier S. 34).

3.1 Der Typologie-Aufsatz

Schon der relativ kurze Typologie-Aufsatz *Die drei Typen der legitimen Herrschaft* beginnt mit der Bestimmung von Herrschaft als einer spezifischen Chance, auf einen Befehl Gehorsam zu finden. Dafür werden zunächst zweckmäßige Überlegungen der Beherrschten, Gewöhnung aufgrund von Sitte und affektuelle Neigungen als mögliche Ursachen oder Motive angeführt. Diese Motive ergänzt Weber um Rechtsgründe, die erst stabile innere Fügsamkeitsmotive und damit erwartbare Befehl-Gehorsams-Beziehungen hervorzubringen vermögen. Solche Rechtsgründe können auf drei typische Vorstellungen zurückgehen, die nach Weber mit einer grundverschiedenen soziologischen Struktur des Verwaltungsstabs und der Verwaltungsmittel einhergehen. Die drei Idealtypen legitimer Herrschaft stellen jeweils den Zusammenhang zwischen Rechtsgründen und damit verbundenen institutionellen Erscheinungen dar (vgl. auch die Abbildung in Maurer 1999, S. 92).

Legale Herrschaft kraft Satzung

Die legale Herrschaft beruht auf der Vorstellung, dass Ordnungen formal korrekt gesatzt und so beliebiges Recht geschaffen werden kann. An der Spitze des Herrschaftsverbandes steht ein entsprechend der Ordnung gewählter Führer. Der Verwaltungsstab ist durch Vertrag gewonnen, fachlich geschult und findet sich idealtypisch in der Form einer Bürokratie[9]. Die Verbandsmitglieder, wie auch der Leiter, gehorchen der Ordnung. Der Herr ist durch die Ordnung legitimiert und handelt in deren Rahmen sachlich und fachlich orientiert. Besondere Bedeutung kommt im Typ der legalen Herrschaft dem »geschulten Fachbeamten« zu, dessen Dienstverhältnis auf einem Vertrag basiert, der nach Position bezahlt wird, in eine Hierarchie mit festen Aufstiegschancen und Beschwerdeverfahren eingebunden ist und seine Verwaltungsarbeit als »Berufsarbeit« erledigt (Weber 1922, S. 1; hier S. 8). Die legale Herrschaft mit bürokratisch strukturiertem Verwaltungsstab findet sich nach Weber in Form des privat-kapitalistischen Wirtschaftsbetriebs, moderner politischer Parteien oder religiöser Verbände. Sie ist die formal rationalste Form von Herrschaft durch Organisation aufgrund der wirksam werdenden Betriebsdisziplin und der Fachgeschultheit des Verwaltungsstabs.

Traditionale Herrschaft

Die traditionale Herrschaft beruht nach Weber auf der Anerkennung der »Heiligkeit« von jeher gegebener Ordnungen und Herrengewalten (ebd., S. 3; hier S. 10 ff., 47 ff.). Der reinste Typ ist die »patriarchalische Herrschaft«. Der

9 Weber (1922, S. 2 ff.; hier S. 10) benennt an dieser Stelle schon, was er in Kapitel III, *Die Typen der Herrschaft*, ausführlich darstellt: dass nämlich das Turnus-, Los- und Wahlbeamtentum, Parlamente und Komitees sowie Kollegialorgane eine frühe und alternative Form von Verwaltungsstäben darstellen.

Herrschaftsverband ist Vergemeinschaftung, der Herr ist Befehlender, die Gehorchenden sind Untertanen, der Verwaltungsstab besteht aus persönlich ausgewählten und gebundenen Dienern (persönlich Abhängige, Freunde, Vasallen, Tributfürsten). Die Herrschaftsausübung ist traditionsgebunden mit Bereichen freier Gnade und Willkür. Der Verwaltungsstab kann eine a) patriarchale Struktur haben, d. h., die Diener sind persönlich völlig abhängig vom Herrn, oder eine b) ständische Struktur aufweisen, d. h., die Diener sind eigenständig, und ihnen gehören Verwaltungsmittel und/oder das Amt. Der traditionalen Herrschaft fehlt das formale Recht, Ordnungen sind traditionsgebunden und teilweise nach freier Willkür, orientiert an materialen Prinzipien, gesetzt. Die ständische Herrschaft mit Appropriation der Verwaltungsmittel an den Verwaltungsstab ist nach Weber das Kennzeichen des Feudalismus und rückt diese Herrschaftsform an die legale Herrschaft heran (ebd., S. 6; hier S. 15).

Charismatische Herrschaft

Die charismatische Herrschaft wird von Weber als eine außeralltägliche Erscheinung oder Beziehung eingeführt, in der die Fügsamkeit auf der Zuschreibung außeralltäglicher Fähigkeiten oder Gnadengaben an die Person des Herrn beruht. Die Hingabe an den Herrn beruht daher auf der Anerkennung magischer Fähigkeiten, Offenbarungsleistungen, Heldenhaftigkeit, der Macht des Geistes und der Rede, wie sie Propheten, Kriegshelden oder den großen Demagogen zu eigen sind oder diesen zugeschrieben werden. Die Herrschaft beruht allein auf dem Charisma, ein Begriff, den Weber mit Bezug auf den Kirchenrechtler

Rudolph Sohm einführt und im Kontext seiner Herrschaftstypologie zu einer Strukturform ausarbeitet. Da die charismatische Herrschaft auf der Anerkennung außergewöhnlicher persönlicher Gaben des Charismaträgers basiert, ist sie auch von diesem und deren erfolgreicher Darstellung abhängig. Das macht unter anderem die Nachfolge zu einem zentralen Bestandsproblem (ebd., S. 9 ff.; hier S. 21 ff.). Weber maß der Beobachtung eine hohe Relevanz zu, dass Charisma »antiautoritär« umgedeutet werden kann, so dass die Anerkennung durch die Beherrschten – etwa durch Wahl – zur Grundlage wird. Es ist dieses Verständnis eines von den Massen durch Wahl bestätigten charismatischen Führers, das eine Führer-Demokratie ausmacht und das in zahlreichen Folgearbeiten etwa zur Analyse des Dritten Reichs verwendet wurde (vgl. etwa Breuer 1998).

Der kurze zwölfseitige Aufsatz endet abrupt nach der knappen Darstellung der drei Typen. Er lässt aber die Grundkonzeption Webers und auch die Parallelen zu Kapitel III aus *Wirtschaft und Gesellschaft* erkennen. Herrschaft wird hier aus Sicht der Beteiligten, vor allem der Beherrschten, als eine soziale Handlungs- und Beziehungsform verstanden, für die sich verschiedene, aber verständliche Gehorsamsmotive angeben lassen. Es sind die Legitimitätsvorstellungen, die nach Weber stabile und regelmäßige Befehls- und Gehorsamsbeziehungen begründen und die Form und die Effekte einer Herrschaft bestimmen. Daher stehen in diesem Aufsatz auch die Rechtsgründe und die daraus folgenden Arten der Ordnungssetzung im Mittelpunkt. Erst in Kapitel III folgen dann die Ausarbeitung der sozio-ökonomischen Interessenlagen sowie die Diskussion verschiedener Verfahren und Institutionen der Entscheidungsfindung in den unterschiedlichen Typen.

3.2 *Die Typen der Herrschaft*

Das Kapitel III aus dem Ersten Halbband von *Wirtschaft und Gesellschaft* bietet eine Interpretation konkret-historischer Herrschaftsformen entlang der drei Typen legitimer Herrschaft und erläutert so auch, wie die Art der Richtigkeitsvorstellung zu typischen Handlungs- und Beziehungsformen und darüber zu spezifischen Effekten und Bezügen in Wirtschaft, Politik, Recht usw. führt. Im Unterschied zum wesentlich kürzeren Typen-Aufsatz erläutert Weber in diesem etwa fünfzig Seiten umfassenden Kapitel[10] den Zusammenhang zwischen den drei Legitimitätsvorstellungen und den damit jeweils verbundenen Formen der Machtzuweisung und -ausübung. Den Schwerpunkt bilden die sozio-ökonomischen Interessenlagen des Verwaltungsstabs sowie die Beziehungen zwischen den Herren und den Mitgliedern der Verwaltungsstäbe. Diese erläutert Weber anhand historisch-empirischen Materials[11]

10 Wie andere Texte, z. B. die *Protestantische Ethik* (vgl. Weber 2017), hat Weber das Kapitel III sehr systematisch mit einer allgemeinen Definition begonnen, auf die historisch-empirische Beispiele und Erläuterungen sowie Thesen folgen. Im Unterschied zu den ersten beiden Kapiteln von *Wirtschaft und Gesellschaft* fehlt in Kapitel III aber eine rahmende und einleitende Vorbemerkung.

11 Ein großer Teil der Kritik richtet sich gegen die von ihm benutzten Beispiele und historischen Belege (vgl. Anter/Breuer 2016; Whimster/Lash 2006).

und folgert, dass die Beziehungen zwischen Herrschern und Verwaltungsstäben sowie die jeweiligen Verfahren der Rechtezuweisung und -ausübung innerhalb der drei Typen unterschiedlich sind und sich in typischen Weisen der Herrschaftsausübung mit spezifischen sozialen, politischen und wirtschaftlichen Effekten widerspiegeln.

Das Kapitel III setzt mit einer Definition von Herrschaft ein, die in deren Anerkennung durch die Beherrschten eine spezifische Chance dafür benennt, dass bestimmte soziale Handlungen und Beziehungen objektiv erwartbar sind: in diesem Fall widerspruchsfreie Befehls- und Gehorsamsbeziehungen (§ 1).[12] Nach Weber schafft erst die Legitimitätsgeltung neben äußeren Motiven ein inneres Gehorsamsmotiv, das den Gehorsam und das Befehlen objektiv erwartbar werden lässt. Die Art der Legitimitätsvorstellung bestimmt die Art und Weise des Gehorchens, die Struktur des Verwaltungsstabs und die Herrschaftsausübung.

»Je nach der Art der beanspruchten Legitimität aber ist auch der Typus des Gehorchens, des zu dessen Garantie bestimmten Verwaltungsstabes und der Charakter der Ausübung der Herrschaft grundverschieden. Damit aber

12 Der Text ist in Unterkapitel und Paragraphen gegliedert und beginnt mit der Darstellung der drei Herrschaftstypen (2.–5. Kapitel, §§ 3–12a). Es folgen dann das Kapitel 6 (§ 12b–c, 13) zum Feudalismus und dem Lehenssystem, Kapitel 7 zur antiautoritären Umdeutung des Charisma (§ 14), Kapitel 8 zur kollegialen Gewaltenteilung (§§ 15–17), Kapitel 9 zu Parteien (§ 18), Kapitel 10 zur herrschaftsfremden oder minimierenden Verbandsverwaltung (§§ 19–20) und Kapitel 11 zur Repräsentation (§§ 21–22).

auch ihre Wirkung. Mithin ist es zweckmäßig, die Arten der Herrschaft je nach dem ihnen typischen Legitimitätsanspruch zu unterscheiden.« (§ 1; hier S. 30)[13]

Auch der Verwaltungsstab wird von Weber als Handeln definiert, das der Um- und Durchsetzung der jeweiligen Ordnungen dient und daher für die Herrschaftsform zentral ist. Der Rationalitätsgrad des Verwaltungsstabs bestimmt sich ebenfalls aus der Art der Richtigkeitsanerkennung, da die Motive der Mitglieder des Verwaltungsstabs und deren Orientierung an der jeweiligen Ordnung davon bestimmt werden. Die Beziehungen zum Herrn und die Art der Herrschaftsausübung entscheiden über die Rationalität der Ordnungssetzung und -umsetzung. Die in § 2 bestimmten drei Formen der Legitimitätsgeltung dienen Weber zwar dazu, drei idealtypische Formen von Herrschaft bzw. Herrschaftsverbänden zu unterscheiden, gleichwohl konstatiert er über die drei Formen hinweg die Bedeutung des Verwaltungsstabes als äußere Garantie für die Herrschaftsorganisation.

»Bei allen Herrschaftsformen ist die Tatsache der Existenz des Verwaltungsstabes und seines kontinuierlich auf Durchführung und Erzwingung der Ordnungen gerichteten Handelns für die Erhaltung der Fügsamkeit vital. Die Existenz dieses Handelns ist das, was man mit dem Wort ›Organisation‹ meint.« (§ 13; hier S. 103)

13 Heuristik und Relevanz dieser Zugangsweise müssen sich für Weber am konkreten Material bewähren (Weber 1922; [1]WuG).

3.2.1 *Die legale Herrschaft (mit bürokratischem Verwaltungsstab)*

Geltungsgrundlage legaler Herrschaft ist nach Weber die Vorstellung, dass beliebiges Recht durch Vereinbarung oder Oktroyierung (vgl. zur Definition [1]WuG, Kapitel I, *Soziologische Grundbegriffe*, §§ 7, 13; Weber 2019/1922, ebd., S. 49) gesatzt werden kann. Der Herr, die Verbandsgenossen und der Verwaltungsstab orientieren sich in diesem Fall an einem System allgemeiner Regeln, das sowohl die Mitgliedschaft als auch die Anwendung und Schaffung neuer Regeln umfasst. Das zentrale institutionelle Element der legalen Herrschaft ist der kontinuierliche, regelgebundene Betrieb von Amtsgeschäften in klaren Zuständigkeitsbereichen und unter Zuweisung begrenzter Befehlsrechte und Zwangsmittel im Rahmen einer Behörde (hier S. 35 ff.). Weber unterscheidet zwei institutionelle Ausformungen: den bürokratisch-monokratischen Verwaltungsstab und kollegial-repräsentative Verwaltungskörper (Abschnitt II, 3; hier S. 36 ff. bzw. S. 128 ff.).

Der formal reinste Typ ist die legale Herrschaft mittels bürokratisch-monokratischem Verwaltungsstab[14] (§§ 4–5). Dafür sind zwei Elemente kennzeichnend: 1) Ein Leiter des Verbandes, der seine Stellung entweder durch Appropriation, Wahl oder durch geregelte Nachfolge hat und in seiner Herrschaftsausübung durch die Ordnung auf sachliche

14 Gegenüber dem Typen-Aufsatz, in dem Weber vereinfachend »bürokratische Herrschaft« schreibt, unterscheidet er hier, in Kapitel III, legale Herrschaft (§ 3) und die bürokratisch-herrschaftliche Struktur des Verwaltungsstabes (§ 4) eindeutig. Erst die legale Herrschaft mit bürokratischem Verwaltungsstab stellt den formal reinsten und rationalsten Typ einer Herrschaft dar (Maurer 1999).

Kompetenzbereiche begrenzt ist. 2) Ein Verwaltungsstab, der im Idealtyp aus Beamten zusammengesetzt ist, die Amtspflichten gehorchen, in eine Hierarchie eingebunden, mittels Vertrag bestellt und aufgrund ihrer Fachgeschultheit eingestellt sind. Die Mitglieder beziehen feste Gehälter, und für sie ist das Amt ihr Hauptberuf bzw. ihre Existenzgrundlage, ferner kennen sie Aufstiegswege aber keine Aneignung der Verwaltungsmittel. Kennzeichnend für alle ist die Disziplin im Amt (§ 4; hier S. 39 ff.). Die wesentlichen institutionellen Elemente einer rationalen, legalen Herrschaft sind Amtshierarchie und -disziplin aller, Fachschulung, Trennung des Verwaltungsstabs von den Verwaltungsmitteln und Aktenmäßigkeit (§§ 3–4). Diese Form eignet sich sowohl für erwerbswirtschaftliche als auch für andere Zwecke verfolgende Betriebe – politische oder hierokratische Verbände (§ 18; hier S. 132 ff.) – und lässt sich in mehr oder minder starker Annäherung an den reinen Typus in verschiedenen historischen Epochen finden. Der reinste Typus ist die legale Herrschaft mittels eines bürokratisch-monokratisch organisierten Verwaltungsstabs, der alle möglichen Aufgaben stetig, präzise und orientiert an allgemeinen Regeln bewältigen kann, wie etwa in der Kirche, dem Heer, in Parteien, Wirtschaftsbetrieben, Interessenverbänden, Vereinen, Stiftungen und dem modernen Nationalstaat (§ 5; hier S. 42 ff.).[15]

Max Weber hat mit dem Modell der legalen Herrschaft

15 So schreibt Weber in § 1, dass sich Herrschaft nahezu überall findet und dass auch und gerade in demokratischen politischen Verbänden wie Parteien und Staaten die Verteilung von Herrschaft ein wesentlicher Gegenstand von Konkurrenz ist. Vor allem Stefan Breuer (2016, S. 8, 51 ff.) hat auf die Entwicklungspotentiale

mittels eines monokratisch-bürokratischen Verwaltungsstabs wichtige Bedingungen eines planbaren kollektiven Zweckhandelns dargestellt und deren rationalitätssteigernden Effekte aus der institutionellen Form des Verwaltungsstabs gefolgert (vgl. Maurer 2018). Das stellt Weber in die große sozialtheoretische Tradition der Suche nach institutionellen Lösungen für spezifische Herausforderungen des gesellschaftlichen Zusammenlebens (vgl. Albrow 1970; Mayntz 1963; zur Kritik DiMaggio/Powell 1983).

3.2.2 *Die traditionale Herrschaft: patriarchale und ständische Form des Verwaltungsstabs*

Der zweite Typus ist die traditionale Herrschaft. Ihre Grundlage ist der Glaube an die Heiligkeit überkommener Ordnung und Herrengewalt. Recht wird durch das Erkennen des Gegebenen und durch freie Willkür der Herren gesetzt. Die Orientierung an formalen Prinzipien fehlt, und es wirken allenfalls materiale Vorstellungen. Der Herr wird durch überkommene Regeln bestimmt und ihm wird aufgrund der durch Tradition zugewiesenen Würde oder Pietät gehorcht. Die traditionale Herrschaft kommt nach Weber in zwei institutionalisierten Formen vor: ohne Verwaltungsstab (Patriarchalismus und Gerontokratie) und mit Verwaltungsstab (Patrimonialismus bzw. Sultanismus und ständische Herrschaft). Sofern ein Verwaltungsstab im Rahmen traditionaler Herrschaft existiert, setzt er sich aus persönlich ausgewählten und dem Herrn verbundenen Dienern zusammen. Die für die ständische Herrschaft ty-

der Weber'schen Herrschaftskonzeption für andere Theorieprogramme, wie etwa die Kritische Theorie, aufmerksam gemacht.

pische Verfügung über Herrenrechte und ökonomische Chancen durch den Verwaltungsstab, kann auf Verpachtung, Verpfändung, Verkauf, Privileg, Appropriation, Lehen oder Pfründe beruhen (§§ 7–8) und bestimmt die Art der Herrschaftsausübung sowie das Verhältnis zwischen dem Herrn und dem Verwaltungsstab.

Die traditionale Herrschaft erfolgt im Rahmen der Tradition und in einem Bereich freier Willkür der Herren. Ihre spezifische Funktionsweise und Effekte ergeben sich aus der (Nicht-)Existenz und der institutionellen Form des Verwaltungsstabs. Als historisch bedeutsamen Fall beschreibt Weber den Feudalismus, der sich nach ihm nicht nur im europäischen Mittelalter sondern auch in China, Japan und Indien mit verschiedenen Formen des Verwaltungsstabs findet (§ 12). Vor allem den Lehensfeudalismus hebt Weber als eine Organisationsform hervor, die durch ein ständiges Ringen um Herrenrechte zwischen dem Stab und dem jeweiligen Führer geprägt ist und im Westen letztlich die Etablierung und funktionale Bedeutung von bürokratischen Verwaltungsstäben förderte (§§ 12–13; vgl. dazu auch Breuer 1998, 2011). Zwar kommt dem Typ der traditionalen Herrschaft weit weniger Aufmerksamkeit in der aktuellen Debatte zu als den beiden anderen Typen, anhand von ihm konturiert Weber aber am deutlichsten den Zusammenhang zwischen der Form des Verwaltungsstabs und der Funktionsweise und den Effekten der Herrschaft. Weber selbst zeichnet für diesen Typus wichtige empirisch-historische Formen nach und stellt in Abgrenzung zur legalen Herrschaft fest, dass der traditionalen Herrschaft der Grad an Rationalisierung fehle, den eine (kapitalistische) Wirtschaft zur Kalkulation von Erwerbsrisiken und privater Erwerbsfreiheit voraussetzt (§ 9).

3.2.3 *Die charismatische Herrschaft*

Beruht die Anerkennung einer Herrschaft auf außergewöhnlichen, persönlichen Fähigkeiten des Herrschers, dann spricht Weber von charismatischer Herrschaft. Recht wird durch Offenbarung gefunden, eine ökonomische Verwertungsorientierung fehlt, und wenn ein Verwaltungsstab existiert, sind auch dessen Mitglieder über Offenbarung berufen (§ 10). Weber schreibt daher erstens der charismatischen Herrschaft die Fähigkeit zu, Verhältnisse zu revolutionieren und hebt dafür charismatische Führerrevolten in allen Arten von Verbänden hervor, die daraus resultieren, dass Charismaträger traditionale materiale Werte zu hinterfragen vermögen (vgl. Lepsius 1977, 2016). Zweitens hat Weber die Tendenz der charismatischen Herrschaft zur »Veralltäglichung« und zum Übergang in rationale Formen betont, die sich direkt aus der Notwendigkeit zur dauernden Bewährung der außergewöhnlichen Gaben im Alltag, aus dem Problem der Nachfolgeregelung und dem wachsenden Interesse des Verwaltungsstabs an ökonomischen Chancen im Falle einer Stabilisierung speisen (§ 10). Weber hat zudem auf die antiautoritäre Umdeutung des Herrschers hingewiesen, die als plebiszitäre Führerdemokratie (§ 7) durch die ausdrückliche Bestätigung seiner Gefolgschaft erfolgt; als Beispiele nennt Weber Cromwell oder Napoleon (vgl. hier S. 108 f.; weiterführend Bendix 1968). Das Konzept der plebiszitären Führerdemokratie hat zunächst nach dem Zweiten Weltkrieg die Rezeption der Weber'schen Herrschaftssoziologie dominiert und eine vermeintliche Nähe zum Nationalsozialismus hergestellt (Kroll 2001). Weber selbst hatte in seinen politischen Schriften zu Deutschland nach 1918 für eine repräsentative Demokratie und Parlamentarismus aufgrund der damit verbundenen höheren Rationalität von Berufspolitikern geworben. Allerdings hat er auch ein starkes nicht-bürokratisches Element an der Spitze von Staat, Parteien und Verbänden sowie auch in der Wirtschaft vorgesehen, weil nach seinem Dafürhalten allein ein solches in der Lage wäre, die Erstarrungen der Bürokratie zu durchbrechen.[16]

3.2.4 *Weitere institutionelle Formen der Herrschaftsausübung*

In den Unterkapiteln 8–11 erläutert Weber weitere institutionelle Formen herrschaftlicher Entscheidungsformen. Seine Analysen zur Begrenzung zentraler Herrschaftsrechte durch solche Organisationsformen sind bis heute aktuell. Es sind a) kurze Amtsfristen, b) jederzeitige Abberufung, c) Turnus- oder Losbesetzung der Ämter sowie begrenzte Amtszeiten, d) imperatives Mandat, e) strenge Rechenschaftspflichten und Sonderbeauftragte, f) Nebenberufscharakter des Amtes, g) in kleinen Verbänden auch direkte Demokratie durch Mitgliederversammlungen und h) die Besetzung von Ämtern mit Honoratioren, die nicht vom Amt leben müssen und daher keine privaten Interessen haben sollten. Max Weber wägt an dieser Stelle zwei Effekte ab: das Treffen und Durchsetzen fachlich-sachlich begründeter Entscheidungen und die Begrenzung und Minimierung von Herrschaft. Formen unmittelbarer Demokratie und Honoratiorenverwaltung werden durch die mo-

16 Vgl. klassisch zum Charisma-Konzept Shils 1956 und aktuell Anter/Breuer 2016, S. 188 ff.

dernen Parteien aufgrund von deren sachlicher Überlegenheit weitgehend verdrängt, so lautet seine Leitthese.

> »Herrschaftsfreie unmittelbare Demokratie und Honoratiorenverwaltung bestehen ferner nur so lange genuin, als keine Parteien als Dauergebilde entstehen, sich bekämpfen und die Ämter zu appropriieren suchen.« (§ 20; hier S. 142)

Weber schließt seine Erläuterungen mit einer Skizze der okzidentalen Welt, charakterisiert durch parlamentarische Repräsentation in Kombination mit dem Interessenbetrieb der Parteien, der plebiszitären Parteiorganisation und der rationalen Repräsentation durch Interessenvertreter (§ 21).

3.3 *Ein institutionentheoretischer Blick auf Herrschaft*

Die drei reinen Typen legitimer Herrschaft stehen im Kontext von Webers verstehend-erklärender Soziologie und der idealtypischen Begriffsbildung. Weber definiert Herrschaft als eine spezifische soziale Beziehungsform, in der Befehls- und Gehorsamshandeln sinnhaft aufeinander bezogen sind und zur Ausformung typischer Institutionen führen. Herrschaft beruht auf dem sinnhaften Gehorchen der Beherrschten. Für die sozialwissenschaftliche Analyse sind die Anerkennungsgründe zentral, weil diese eine objektive Chance benennen und weil aus deren Form unterschiedliche und typisierbare Strukturen und Funktionsweisen von Herrschaft folgen. Daraus wiederum können spezifische Effekte wie die Rationalisierung der westlichen Welt abgeleitet werden. Konkret unterscheidet Weber drei

Arten der Richtigkeitsanerkennung und ordnet diesen je spezifische Ausprägungen des Gehorsamshandelns, der Herrschaftsausübung und des Verwaltungsstabs zu. In seinen materialen Darstellungen hebt er besonders die Interessen-Konstellationen zwischen Verwaltungsstab und Herrschern hervor.[17]

Gesellschaftstheoretische Perspektiven ergeben sich aus dem Nachweis spezifischer Dynamiken, die sich innerhalb der Herrschaftstypen ergeben und durch andere soziale Prozesse verstärkt werden. Dazu gehört Webers These vom systematisch zu erwartenden Übergang von charismatischen oder traditionalen Herrschaftsformen in legale Herrschaftsverbände aufgrund der formalen Überlegenheit des Fachbeamtentums, aber auch die Möglichkeit charismatisch begründeter Umwälzungen. Die Typologie ist so gesehen auch ein Leitfaden für die Ordnung realer empirischer Herrschaftsformen. Darüber hinaus stärkt der Fokus auf die Zuweisung von Herrenrechten und Verwaltungsmitteln und die jeweils dahinter stehenden Interessenkonstellationen auch den Blick auf soziale Prozesse und Dynamiken, welche alte Herrschaftsformen in Frage stellen und neue hervorbringen. Weber selbst hat die Entstehung der modernen westlichen Welt als von der massenhaften Verbreitung formal-legaler Herrschaftsverbände getrieben dargestellt, welche einerseits die formal rationale kapitalistische Wirtschaft, rationale Wissens- und Ideensysteme sowie auch rationale Lebensführungsformen gestärkt und mither-

17 Weber vertritt so gesehen eine erfahrungs- oder realwissenschaftliche Position und eine weite Form des Methodologischen Individualismus bzw. Institutionalismus (Maurer 2017).

vorgebracht hat, andererseits selbst erst aus Interessenkonflikten und -aushandlungen im Hinblick auf die Verteilung von Herrschaftsrechten in traditionalen Herrschaftsformen hervorgegangen ist. Diese doppelte Argumentationskette, welche die moderne Herrschafts- bzw. Organisationsform einerseits als ein ungeplantes, aber versteh- und erklärbares Resultat individuellen Handelns in vorgängigen historischen Konstellationen erklärt und andererseits als Ausgangspunkt einer Institutionenanalyse der modernen westlichen Welt nimmt, kann auch als historische Kausalanalyse oder Erklärung eines »historischen Individuums« verstanden werden (vgl. dazu Weber 1988/1922, S. 178 ff.; vgl. auch Weber 2019/1922).

4. Wirkungsgeschichte

Die Rezeption der Weber'schen Herrschaftstypologie und -soziologie ist durch verschiedene disziplinäre Zugänge, zeithistorische Ereignisse und Themenschwerpunkte geprägt.[18] Eines darf dennoch als sicher gelten: Max Weber

18 Die Arbeiten Webers wurden als Staatssoziologie (Breuer 2011), als Parteiensoziologie (Mommsen 2015), als Rechtssoziologie (Gephart/Witte 2017), als Organisationssoziologie (Mayntz 1963) und als Gesellschaftstheorie (vgl. Bader [u. a.] 1976; Schluchter 1985) aufgefasst und weiterentwickelt. Bis heute wird vor allem das Bürokratie-Modell diskutiert und in verschiedenen Feldern zur Analyse der Effekte und der Transformation von Herrschaft in Parteien, Staaten, Betrieben usw. eingesetzt (vgl. etwa Becher [u. a.]. 2018). Vgl. zur Wirkungsgeschichte allgemein Maurer 2017; Moebius/Ploder 2018.

war und ist für die Beschäftigung mit Herrschaft in der Soziologie, der Politik- und der Geschichtswissenschaft konstitutiv (vgl. Koselleck 1982; Maurer 1999; Breuer 2011). Dafür grundlegend ist die von ihm vorgenommene definitorische Bestimmung von Herrschaft als einer spezifischen Form sozialen Handelns und sozialer Beziehung und deren Abgrenzung von ähnlichen Phänomenen wie Macht, Disziplin oder Gewalt.[19] Damit untrennbar verbunden ist der von Weber entwickelte Zugang, der auf die Motive der einzelnen Handelnden in sozialen Kontexten abstellt und die späte Herrschaftskonzeption eindeutig als Anwendung der verstehend-erklärenden Soziologie zu erkennen gibt. Sowohl die Stabilität als auch die Funktionsweisen und Effekte der drei dargestellten Herrschaftsformen werden aus dem Handeln und den Beziehungen der Individuen erschlossen. Auch die Herrschaftstypologie und -soziologie Webers ordnet sich so in sein allgemeines Anliegen ein, eine eigenständige, dritte sozialwissenschaftliche Form des Erklärens auszuarbeiten und deren Stärke bei der Analyse und für die Gestaltung sozialer, politischer, wirtschaftlicher Institutionen darzulegen. Es sind in der Herrschaftssoziologie vor allem die spezifischen Interessenkonstellationen zwischen den Herren und den Mitgliedern der Verwaltungsstäbe, die den Gang der menschlichen Geschichte bzw. ihrer Institutionen und Strukturformen vorantreiben oder behindern (vgl. Maurer 2018). Weber hat, ausgehend von der Typologie, selbst eine Analyse von Herrschaftsfor-

19 Vgl. zur Konstruktion von Idealtypen und der Systematik der Begriffsentwicklung bei Weber allgemein und zur Herrschaftstypologie insbesondere Allerbeck 1982 sowie Maurer 1999, Kap. 3.

men vorgenommen, die Interessenkonstellationen und ökonomische Chancen in Herrschaftsverbänden in den Vordergrund rückt und daraus die allmähliche Ausbreitung legaler Herrschaftsverbände mit bürokratischer Verwaltungsstruktur in der westlichen Moderne folgert. Die Herrschaftssoziologie geht so in eine gesellschaftstheoretische Sichtweise über und erklärt die Ausformung der modernen westlichen Welt vor allem mit der Ablösung traditionaler Verwaltungsstäbe und Feudalfürsten durch die Bürokratie in legalen Herrschaftsverbänden. Die Rationalisierung von Herrschaftsverbänden ist ein Teil des viel umfassenderen Rationalisierungsprozesses der westlichen Welt (vgl. Hennis 1987).[20] Die Durchsetzung von demokratischen Verwaltungs- und Entscheidungsformen vor allem in den modernen Nationalstaaten und den großen Massenparteien wird von Weber als Teil dieser Rationalisierungsbestrebung dargestellt und deren Funktionsweise sehr realistisch und ohne jeglichen illusorischen Pathos analysiert.

Die Beschäftigung mit den drei reinen Typen der Herrschaft führte nach dem Zweiten Weltkrieg zunächst zur Etablierung einer interdisziplinären Organisationssoziologie, in deren Mittelpunkt das Modell der legalen Herrschaft mittels bürokratischem Verwaltungsstab steht (s. dazu insbes. Mayntz 1963; 1968). Dabei werden vor allem solche Strukturelemente und Verfahren von und in Organisationen bzw. Verbänden thematisiert, welche rationale und da-

20 Aus institutionellen Settings werden einerseits sinnhafte Motive der Individuen und andererseits soziale Konstellationen erschlossen, aus denen neue Entwicklungsrichtungen erklärbar werden (Bader [u. a.] 1976; Lepsius 1977; Maurer 2018).

her vorteilhafte Formen kollektiver Entscheidungsfindung und -umsetzung erlauben und fördern bzw. einschränken. Das bindet Weber einerseits an konkrete Governance und Organisationsanalysen in den verschiedenen Teildisziplinen an. Es lässt ihn aber auch als Teil und Nachfolger all der sozialtheoretischen Arbeiten sehen, die nach den sozialen Bedingungen kollektiven Handelns bzw. einer gemeinschaftlichen Zielerreichung fragen (vgl. dazu Hernes 1993). Das hat neben intensiven Funktionsanalysen vor allem in politischen und wirtschaftlichen Kontexten an der Schnittstelle von politischer Soziologie und Politikwissenschaft auch eine empirisch-historische Analyse spezifischer Staatsformen entfalten lassen, welche sowohl eine Alternative und Erweiterung der klassisch marxistischen als auch der klassisch konservativen Staatstheorie bildet (Hanke/Mommsen 2001; Anter/Breuer 2016).

Ein wichtiger Zwischenschritt in der Wiederentdeckung und Neurezeption der Herrschafts- und politischen Soziologie war der Heidelberger Soziologentag 1964, auf dem zunächst noch und vor allem Webers Führerbegriff und das Konzept der plebiszitären Führerdemokratie kritisch hinterfragt wurden (vgl. dazu Weiß 1989). Wolfgang Mommsen und Rainer Lepsius hatten schon früh die politische Dimension der Texte erkannt und Max Weber als einen Forscher vorgestellt, der Demokratie als ein Verfahren – weniger als einen Wert an sich – befürwortet, was ihn mit Joseph A. Schumpeters bis heute wichtiger Analyse der Demokratie als Auswahlverfahren im Sozialismus und im Kapitalismus verbindet. Für Weber ist die direkte Demokratie durch Volksentscheide bzw. das Referendum an sich – wie er an Beispielen in Kapitel 1 – erläutert nur unter bestimmten Bedingungen das zu empfehlende Verfahren. »Er war ein ›Verfahrensdemokrat‹, der die voraussichtlichen Folgen unterschiedlicher Verfahren demokratischer Institutionen zu bestimmen und unter einer Pluralität von Funktionszusammenhängen zu beurteilen empfahl« (Lepsius 1977, S. 114). Auch Parteien hat Max Weber fern von jedem politischen Pathos als Herrschaftsverbände charakterisiert, mit deren Hilfe in modernen Massendemokratien um Wähler geworben wird und in deren Innerem Eliten um Machtchancen und Herrschaftsgewalt konkurrieren (vgl. Offe/Wiesenthal 1980; Scharpf 2000). Eine eigene Wirkung entfaltete die Herrschaftstypologie in der Anwendung der einzelnen Typen, allen voran des Typus der charismatischen Herrschaft und der plebiszitären Führerdemokratie, auf konkrete Gesellschaften und historische Phasen (Mommsen 2015, S. 44 ff.). Nach 1945 wurde etwa intensiv diskutiert, ob und inwiefern der Nationalsozialismus der charismatischen Herrschaft oder eher der plebiszitären Führerdemokratie entspräche (vgl. etwa Wehler 2016). Das Konzept der charismatischen Herrschaft wird bis heute auch eingesetzt, um den von Eliten und charismatischen Führern initiierten sozialen Wandel bzw. von ihnen in Gang gesetzte revolutionäre Umwälzungen in Staaten und Regionen aber auch in modernen Unternehmen zu beschreiben und zu erklären (Eisenstadt 1968). Damit hat sich auch immer die Frage nach der Möglichkeit herrschaftsfreier Sozialmodelle verbunden und damit die Diskussion um dritte Entscheidungsverfahren zwischen Markt und Hierarchie: alle Formen der Commons, die Selbstverwaltung in Kommunen oder Wirtschaftsbetrieben, alternative Parteiorganisationen usw. Dies fand einen wichtigen Widerhall in den 1960er Jahren durch die von Ralf Dahrendorf aufgestellte These von der »Universalität von Herrschaft« (Dahrendorf 1992; vgl. zur Entgegnung Sigrist 1967) und findet bis heute wichtige Weiterführungen in der vergleichenden Analyse der drei typischen Koordinationsformen Markt, Hierarchie, Gruppen und Netzwerke (vgl. Maurer 2018).

In der Geschichtswissenschaft wird bis heute Max Webers Methodologie und Geschichtsverständnis und damit dessen Anliegen aufgegriffen, universalgeschichtliche Phänomene als Ergebnis besonderer Begünstigungskonstellationen zu erklären (vgl. etwa Kocka 1986; Gneuss/Kocka 1988;). Es wird auch seit jeher mit seinen Typen gearbeitet, um konkrete Epochen, Regionen oder Staatsformen empirisch zu erschließen und als mehr oder weniger stark abweichende Erscheinung vom Idealtyp einzuordnen (vgl. aktuell Becher [u.a.] 2018). Ein besonderes Augenmerk richten Historiker dabei auf die traditionale Herrschaft, einerseits den Patrimonialismus sowie auf die Entstehung von Parteien und Parlamentarismus etwa im deutschen Kaiserreich (vgl. Peukert 1986).

Im angelsächsischen Sprachraum hat sich in den letzten zwei Jahrzehnten eine von der deutschen Diskussion weitgehend abgelöste Rezeption herausgebildet. Dort werden dank der vorliegenden englischsprachigen Textsammlungen (vgl. Bendix 1964; Gerth/Mills 1991) nach wie vor moderne Gesellschaften im Hinblick auf Tendenzen von Rationalisierung und Individualisierung bzw. auf Technokratie und Verlust von Autonomie und Lebenswelt analysiert (vgl. Horkheimer und Adorno 1947). Der Mythos der Moderne wird dabei als Mythos der Rationalität beschrieben (vgl. Kalberg 2013; Scaff 2014). Insbesondere aber kann mit Max Weber nach wie vor Herrschaft im Unterschied zu Macht, Disziplin oder Gewalt als eine von den Beteiligten anerkannte Form gesellschaftlicher Organisation begriffen und deren Konsequenzen und Folgen so analysiert werden, dass damit sozialwissenschaftlich fundierte Gestaltungsvorschläge gemacht werden können, welche ihren Ausgangspunkt bei den Interessen und Ideen der Menschen nehmen. Aktuelle weltweite Entwicklungen, wie neue soziale Bewegungen und charismatische Revolutionen, die Verbreitung großer Konzerne und Massenparteien und nicht zuletzt auch neue Formen der Mitwirkung und Politik im und durch das Internet rücken die Formen und die Gestaltung von Institutionen der Entscheidungs- und Handlungskoordination immer wieder in das Blickfeld. Dabei kommen den Formen und Einsatzfeldern der Demokratie in Politik, Wirtschaft, Recht und Gesellschaft wieder immense Bedeutung und Beachtung zu. Die idealtypischen Begriffe und die materialen Analysen von Max Weber, entwickelt im Rahmen seiner erklärend-verstehenden Soziologie, stellen dafür nach wie vor ein wichtiges und hilfreiches Instrumentarium zur Verfügung, das auch neue Perspektiven und Zugänge eröffnen hilft.

Für ihre Unterstützung danke ich Clemens Schmidt, Susanna Nagel und Lea Reinhardt.

Inhalt